YOUTAIREN
GEI HAIZI DE ZHONGGAO

犹太人
给孩子的忠告

冯华平　陶红亮◎编著

北京大学出版社
PEKING UNIVERSITY PRESS

图书在版编目（CIP）数据

犹太人给孩子的忠告 / 冯华平，陶红亮编著．—北京：北京大学出版社，2018.4

ISBN 978-7-301-29334-8

Ⅰ．①犹… Ⅱ．①冯… ②陶… Ⅲ．①犹太人—家庭教育 Ⅳ．①G78

中国版本图书馆 CIP 数据核字（2018）第 037316 号

书　　名	犹太人给孩子的忠告 YOUTAIREN GEI HAIZI DE ZHONGGAO
著作责任者	冯华平　陶红亮　编著
责任编辑	刘　维
标准书号	ISBN 978-7-301-29334-8
出版发行	北京大学出版社
地　　址	北京市海淀区成府路 205 号　100871
网　　址	http://www.pup.cn　　新浪微博：@ 北京大学出版社
电子信箱	zpup@pup.cn
电　　话	邮购部 62752015　发行部 62750672　编辑部 62764976
印 刷 者	北京飞达印刷有限责任公司
经 销 者	新华书店
	787 毫米 × 1092 毫米　16 开本　15 印张　188 千字
	2018 年 4 月第 1 版　2018 年 4 月第 1 次印刷
定　　价	39.00 元

前 言

犹太父亲问：“亲爱的孩子，假如你的房子被烧毁，你将带什么东西逃跑呢？”

孩子回答：“我会带金子或者钻石。”

犹太父亲不置可否，继续提问：“有一种宝贝，它没有颜色，没有气味，没有形状，你知道它是什么吗？”

孩子摇了摇头。

犹太父亲说：“亲爱的孩子，你要带走的不是金子，也不是钻石，而是智慧。因为智慧是任何人都抢不走的，只要你还活着，智慧就会跟着你。”

从这一段犹太父亲与孩子的对话中，我们就能感受到犹太人的智慧。

在提到犹太民族时，人们经常会运用“成功”“聪明”“神秘”“精明”等字眼。的确，即使是不了解犹太民族的人，也能说出几个犹太名人的名字。比如：改变人们对宇宙认知的物理学家爱因斯坦，引发全世界社会主义浪潮的马克思，美国外交家基辛格，石油大王洛克菲勒，米高梅公司的创始人高德温等。

“犹太民族真是个神奇的民族。”人们经常这样说。美国作家马克·吐温也曾说：“犹太人的数目还不到人类总人口的1%，按常理推断，他们应该像银河中的一个小星团那样不起眼，但是他们却经常成为人们的话题，他们的一举一动都受到人们的关注。”

为什么会这样？难道犹太民族的基因比较优越？或者他们拥有神奇的法宝？都不是。相反，犹太人常说：“人人都是上帝的子民，追根溯源，每个人都来源于同一个祖先。这也意味着，没有哪个民族高人一等。”他们从不认为自己天资聪颖，即使取得了成就，他们也只会谦虚地说：“我是一个在海边玩乐的孩子，只是幸运地捡拾了几块美丽的贝壳而已。”

那么，犹太人的成功没有任何的原因吗？他们只是比常人幸运吗？当然不是。他们虽没有过人的天赋，但是有世代相传的教育智慧。正是因为拥有这些智慧，犹太民族才能屹立于世界民族之林，成为最耀眼的明珠之一。

本书从犹太人的生存智慧讲起。犹太人常说：“没有了生命，一切免谈。”经过了两千多年的流浪，犹太人深知生命的重要性。“无论如何都不能放弃希望，要努力地活下来！”这是他们常挂在嘴边的一句话。他们坚强、勇敢，从不将自己所有的希望寄托在别人身上。“在这个世界上，你唯一能把握的只有自己。”这几乎成为犹太人的座右铭。

接下来介绍犹太人的学习智慧。犹太人极其重视学习，但是他们反对为了学习而学习。他们认为：只会学习的人是呆子。在他们看来，只有敢于质疑，用心思考，保持高度的专注力，才能获得真正的智慧。

对犹太人来说，仅仅拥有知识是不够的，你还要学会如何与别人交往，学会如何面对这个复杂的社会。在这个方面，犹太人拥有独特的见解。比如：他们认为说太多话的人并不值得信任，相反，那些能够保持沉默的人更让人钦佩；要慎重地选择朋友，甚至可以适当地考验朋友；憎恨罪恶而不憎恨犯罪的人，等等。

犹太人常说：“虽然我们提倡要广交朋友，但是不能因此对朋友产生依赖之心，要记住：学会独立才能让你在这个世界生存下来。”犹太人十分重视独立能力的培养，在孩子很小的时候，犹太人就要求孩子做自己能做的事情，因而当你去一个犹太家庭拜访时，你会发现一个四五岁的孩子会主动收拾自己的玩具，而这在他们家看来是理所当然的。

当然，提到犹太人，我们就不能不提诚实守信。犹太人做任何事情都要签订契约，遵守契约已经成为犹太民族个性的一部分。犹太人从不拿不属于自己的东西，也从不欺骗别人，在他们看来，为了蝇头小利而失去自己的信用，得不偿失。

诚实守信让犹太人成为备受尊敬的商人，但是掌握了大量财富的犹太人并不认为金钱是最重要的。犹太人有这样一句俗语："无论你去任何地方，你要带的不是黄金，而是智慧，因为智慧是无价的财宝。"经历了漫长的流浪生涯，犹太人深知：任何东西都会被掠夺，唯有智慧不会，即使你现在是一个穷光蛋，智慧也会把你变成大富翁。犹太人很喜欢读书，经常说："去哪里都可以带上一本书，这不会浪费你的时间，只会充实你的生命。"

犹太人从来都不是循规守矩的"好好学生"，他们喜欢另辟蹊径，从普通的事情中发现新的机遇，找到解决问题的新方法。犹太父母经常对子女说："如果你的方法和别人的没什么不同，那你就不要告诉我。"在这样的家庭氛围中，他们养成了从多个角度考虑问题的习惯，这也使他们在面对问题时，能够迅速地反应过来。

人生不会一帆风顺，每个人都会品尝到失败的滋味。有的人在失败后一蹶不振，有的人却能够将失败变成自己的跳板，走上更加宽阔的人生道路。犹太人就属于后者。他们从不害怕失败，经常说："不敢尝试的人才是真正的失败者。"他们乐于从失败中吸取经验。一位犹太商人很喜欢收购濒临破产的企业，当人们问他原因时，他说："别人经营失败了，我就能更快地找到运营方面的漏洞，只要改变这些缺点，企业就能转亏为盈。"

经过时间的证明，犹太人的智慧已经成为全世界公认的财富。我们希望正在阅读这本书的你，能够从这些智慧中受益，从而教育和引导好自己的孩子。

目 录

生活在这个世界上是需要智慧的。你既不能像刚刚出生的婴儿一样，对这个世界一无所知，也不能像饿狼一样，时时刻刻准备咬断别人的脖子。正如你要真诚地对待朋友，既要站在朋友的立场上考虑问题，也不能轻信朋友，而应该先考察一下朋友。你若能明白这些道理，就能变成一个“知世故而不世故”的人，成为生活的强者。

相比强大的能力，高尚的品德更加重要。“一个向世人炫耀自己知识的贤者，还不如一个普通人。”“谁是最强大的人？化敌为友的人。”“爱你的邻人，你的邻人也会爱你。”犹太父母经常拿这些记载在《塔木德》中的名言教育子女，因为犹太人认为，高尚的品德才是他们的立足之本。

第五章 勇气毅力：走向独立就此开始 / 089

独立并不是一件容易做到的事情，不是人一到18岁，就能够从一个事事依赖父母的孩子，变成独当一面的男子汉。若想变得独立，我们就要从现在开始，学着独立做事，为自己的选择负责，拿出勇气面对生活中的艰难险阻，通过自我反省让自己变得更加成熟，坚持自己的梦想并实现自己的价值。

第六章 遵循规则：信守承诺是最好的习惯 / 111

犹太人被誉为“天生的商人”。在他们看来，最大的本钱不是黄金、汽车、房产，而是信用。犹太人已经习惯做任何事情都要签订契约，遵守契约早已成为了犹太民族个性的一部分。犹太人从不做不诚信的事，因为他们认为，一个人丢了信用，就意味着失去了一切。

为什么犹太人会在各个领域获得卓越的成就？一个很大的原因就是他们敢想别人所不想，做别人不敢做。犹太人擅长在平凡的事情中发现新的机会，找到解决问题的新方法。标新立异、另辟蹊径，是犹太人成功的秘诀。

在漫漫人生路上，没有人能够一帆风顺，对某些人来说，失败几乎成为他们人生道路上的忠实“伙伴”。有些人在失败和挫折面前认输，有些人迎难而上，最终走出困境。犹太人认为，逆境是上天赐予的礼物，如果能从失败中吸取教训，人们就会发现成功在不远处。

第一章 生存教育：没有了生命，一切免谈

犹太人常说："痛苦越深，人越坚强。"当苦难来临之时，我们必须勇敢，在黑暗中聚敛希望之光，克服自己的恐惧、胆怯和懦弱。犹太人信奉这样一句话："在别人不敢去的地方，才能找到最美的钻石。"也就是说，敢于冒险的人才能赢得生命的辉煌，因而他们从不会被动地等待"救星"，而是依靠自己的力量走出深渊，走进璀璨的阳光中。

你唯一能把握的只有自己

犹太人从不轻易相信任何人，在漫长的流浪生涯中，他们深刻地体会到：只有自己可以相信。犹太人认为，想改变自己平凡的生活，创造美好的未来，只能依靠自己。

《塔木德》上说："上天取走了我们的一切，剩下的只有我们自己。"犹太人认为，世界上唯一能把握的只有自己，一味地依赖别人是愚蠢且不可靠的，生活只能由自己来创造。

犹太民族经历了很多苦难：曾经流离失所，独自在异乡打拼；受到别人的侮辱和鄙视，被纳粹分子迫害；患上各种各样的传染病，被别人称为"恶魔的仆人"。当犹太人在死亡线上苦苦挣扎时，竭力哭喊却没有等来"救星"时，他们明白了一点：只有依靠自己才能应对坎坷的人生路。

最值得信赖的朋友就是你自己

《塔木德》上说："最值得信赖的朋友在镜子里，那就是你自己。"犹太人从小就被教育要成为一个独立自救的人，父母经常对孩子说："你只能相信你自己，除了自己，任何人都不可靠。"

或许有的人会觉得犹太人的这种想法太过消极，实际上，这是犹太人的生存智慧。对一个天真的孩子来说，没有什么比学会独立地处理各种问题更加重要的了。因此，犹太人认为：靠别人养活是一种天真的幻想，没有人会永远支撑你，包括你的亲人。

犹太人德彼是一个成功的商人，经营着一家名牌鞋制作公司。在外人看来，他完全可以为子女提供无忧无虑的生活，但是在孩子很小的时候，他就用自己的行动告诉自己的孩子：在这个世界上，你只能信赖自己。

有一天，德彼的小孩子正在客厅里玩耍。德彼抱起小孩子放在壁炉台上，伸出自己的双臂对小孩子说："宝贝，来，跳到爸爸怀里来。"

小孩子还以为爸爸要陪自己玩，兴高采烈地往德彼怀里跳。没想到他刚刚要落到德彼怀中时，德彼却突然收回了手，小孩子摔倒了地板上，疼得哇哇大哭。

德彼微笑着看着小孩子，没有一句安慰，也没有将他抱起来。最后，小孩子只能自己爬起来，哭着找妈妈。妻子对这件事情十分不解，问德彼原因。这位犹太商人解释道："我在教育孩子如何面对残酷的世界。我想让他明白，在这个世界上，即使是父亲也不可靠，他只能依靠自己。如果他从小就明白了这个道理，长大后就不会吃大亏。"

从这个故事不难发现，在犹太人看来，只会依靠别人的人是愚蠢的。他们常说："永远都不要轻信他人，即使对方是你的亲人。"

那些和犹太人做过生意的商人，总会这样感叹："你们做事也太谨慎了。"其实，犹太人之所以很少走进别人的商业陷阱，就是因为他们从小就拥有独立思考的意识。他们在处理任何事物时都会小心谨慎，认真地分析利弊之后再做出决定。

学会自己从困境中走出来

犹太拉比曾说："没有人会来救你，除了你自己。"在生活中，我们会面临各种各样的困境：考不上理想的学校，离开了理想的职位，被心爱的姑娘拒绝……在面临这些困难时，有些人会产生这样一个不切实际的幻想：英雄会来拯救我。他们求助地看着那些“比自己能力强”的人：朋友、家人、同事、专家……希望对方能够为自己“指点迷津”，或者直接带自己走出困境。

犹太人十分厌恶这样的人。在他们看来，将自己的命运交付于他人手中是一件愚蠢的行为，因为也许你等来的不是帮助你的手，而是一双将你推进更加危险境遇的手。

有一头驴子不小心掉进了一口枯井中，它在井中哀鸣，希望主人把它救出去。主人听到了它的求救声，召集所有的人商量对策，但是没有人想出好办法。驴子在井中焦急地叫喊，日夜不停，惹得附近的人纷纷向主人抱怨。

“要不就把它埋在井里吧。”一个人向驴子的主人建议道，“反正它年纪这么大了，也没有什么用处了，何必因为它惹得邻居不快呢？”主人想了想，觉得这个主意不错。于是，大家拿起铲子来到井边开始填土。

当第一铲泥土落到驴子的身上时，驴子叫得更凄惨了，因为它明白了主人的意图。主人并没有因为它的叫声停止自己的计划，很快，第二铲、第三铲泥土落了下来。泥土越来越多，驴子也不叫了。人们惊讶地发现，当每一铲泥土落到驴子的背上时，它都会努力地抖落身上的泥土，将其踩在脚底。

人们不断地将泥土铲进枯井中，驴子也不断地上升。就这样，驴子慢慢地升到了枯井口，顺利地将自己从枯井中救了出来。

从这个故事中不难发现，遇到困境时，一味地寻求他人的帮助是没有用的，我们只能依靠自己的能力，运用自己的智慧，让自己从困境中走出来。

犹太人信奉这样一句话：“假如你身处枯井中，悲鸣只会给你带来可以埋葬你的泥土；你要做的是抖落身上的泥土，然后自己从枯井中走出来。”

精心设计自己的人生

在提到犹太精英时，人们常会怀着敬佩之心说：“他们就像是传奇，创造了一个又一个奇迹。”人们总会记得改变了我们对世界认知的犹太科学家爱因斯坦，也不会忘记创造了一个又一个商业奇迹的犹太商人亨利·福特，还常常提到叱咤美国商界的摩根家族。“他们是上天的宠儿！”人们经常这样说，“普通如我是无法做到的。”

然而，在犹太人看来，没有人一出生就注定成为传奇的缔造者。事实上，很多成功的犹太人都出身贫寒，有的人甚至都没有接受过完整的教育。他们之所以能获得世人瞩目的成就，一个很大的因素就是因为他们明白“把握自我是成功的起点”，他们会精心设计自己的人生，一旦决定自己要走的道路，就会勇往直前，付出自己所有的心血。

大学毕业后，犹太人布拉文进入了父亲的会计师事务所工作。这是一个拥有100名员工的会计师事务所，在洛杉矶有一定的名气。很多人认为布拉文会成为事务所的继承者。但是在工作一段时间后，布拉文发现会计师的工作不适合自己，他决定向父亲辞职。

辞职的过程很艰难，不仅父亲不同意，他身边的朋友也都表示反对。“你疯了吗？”一位好友对他说，“在事务所工作是你最好的选择。”但是布拉文却坚持自己的选择，他对父亲说：“也许我会是一个称职的会计师，但是我永远都无法成为优秀的会计师。”最终，父亲同意了他的辞职，布拉文开始尝试经商。

布拉文似乎有经商的天赋：他能够迅速发现顾客的需求，并且在不知不觉中抓住顾客的心。不过短短几年时间，他的公司已经颇具规模。如今，人们在提到布拉文时，已经不会再说“他是老布拉文的孩子”，而会说“他是个有潜力的商人”。

从这个故事中不难看出，只有学会为自己的未来负责，提前设计自己的人生，才能发现更适合自己发展的道路，从而实现自我。

犹太人教子箴言

一位犹太拉比曾经这样告诫世人：“凡是自己能够做到的事情，都要自己动手做；凡是自己能决定的事情，都要自己选择。不要事事都请求神的帮助，你能把握的只有自己。”

即使身处绝境，也不要放弃希望

犹太人认为，在绝望和希望之间，生命的天平总是摇摆不定的，只要增加希望分量，就能保住性命，让天平向对自己有利的方向倾斜。因此，犹太人经常说：“即使明天是末日，也不要放弃今天。”

犹太拉比曾说：“人生有三重门，分别通往过去、现在和未来。我们不仅不能关上这三扇门中的任何一扇门，还要对每一扇门都充满着希望。这样我们才能凭借着过去的经验，把握好现在，创造美好未来，这也是我们人生的意义。”

犹太民族的教义是，无论在多么恶劣的条件下都不能放弃希望，不要畏惧厄运，要热爱生命，总有一天会迎来光明。海明威曾说：“人可以被撕碎但是不能被打倒。”犹太人认为，比厄运更可怕的，是人们失去了对人生的追求和对未来的向往。

不断地保持希望的灯火

犹太民族总是和苦难为伴，犹太人的民族史简直就是一部苦难史。然而无论何时何地，犹太人都没有放弃过心中的希望，欢笑是他们生活中的良药，否则，他们又怎么能经受得住那么多折磨，走到最后呢？犹太人信奉这一句话：

“在陷入绝境之时，选择维护希望是最明智的做法，将绝望变成自己的朋友只会毁了你。”

第二次世界大战（以下简称“二战”）期间，有两个人一同被捕，其中有一个人是犹太人。他们被关在两个相邻的牢房里，牢房很小，只留了一个小窗口。白天，他们要去做苦工，要是遇上牢头心情不好，他们还会遭到鞭打。他们不知道自己什么时候会被放出去，也不知道自己是否会被拉出去处决。

晚上，他们对着小窗口思念自己的亲人。只不过，在将目光投向窗口时，他们看到的却是不一样的风景。犹太人看到了窗外明亮闪烁的星星，他幸福地想：“虽然我被关在这个小牢房中，但是我依然能够和亲人一起欣赏星星，真好！”另一个人只注意到了冰冷的窗棂，他悲伤地想：“这铁窗如此坚固，看来我是不可能走出去和家人团聚了。”

于是，犹太人每天都想象着出狱之后的美好日子，他总是喜气洋洋的，看上去和其他人完全不一样。另一个人每天愁眉苦脸，他的精神垮了，身体也垮了，如行尸走肉般等待自己的死期。

几年后，二战结束了，犹太人被释放了。他开心地冲出牢房，向自己的故乡跑去。而另一个人早在一年前就去世了，死因是自杀。

从这个故事不难发现，那些在困难面前不气馁、不灰心，满怀希望的人是绝境最害怕的人，因为他们能够打开那扇名为“希望”的窗户，让外面的阳光照进来。正如一位犹太拉比所说：“只要不断地保持希望的灯火，就不怕忍受黑暗。”

人必须穿过黑暗才能看到光明

《塔木德》上说：“人的眼睛是由黑白两部分组成的，但是为什么我们只能通过黑暗的部分才能看到光明的部分呢？其实这是上天在指示我们，人们必须穿过黑暗，才能看到光明。”

犹太人从不回避黑暗，他们认为痛苦才是人生之路。犹太拉比曾说："孩子出生时我们感到开心，有人去世时我们感到难过，其实应该反过来才对。因为孩子出生时还不知道自己将要面对什么样的人生，也许他们一生都流离失所，承受痛苦，而人死之时一切都盖棺定论了。"

在犹太人的教义中，痛苦是通向光明的一条路，只要能忍受黑暗，就一定能迎来光明。因此，即使在二战时遭受迫害，犹太人也没有熄灭心中的希望之光。

二战期间，有一个叫玛莎的小女孩被抓进了纳粹集中营。她不知道自己是否能看到明天的太阳，也不知道自己的亲人是否已经离开人世。然而，即使是在这样黑暗的环境中，她依旧没有放弃希望，她曾经写过一首诗：

这些天我一定要节省，即使我没有钱可以节省/我一定要节省健康和力量，这足以支撑我很长的时间/我一定要节省我的神经，我的思想，我的心灵和我精神的火苗/我一定要节省泪水/它们还要陪伴我很长很长的时间/我一定要节省忍耐，在这风暴肆虐的日子里/在生命中我需要的东西有那么多/温暖的情感和一颗善良的心/如果我很快就失去了它们/我将有多么悲伤。

身处在如此黑暗的环境中，玛莎也没有陷入绝望，她用自己稚嫩的文字为心灵取暖，在黑暗的集中营中聚敛希望之光。

只要活着就不要丧失希望

有些人一遇到困难就开始怨天尤人："为什么倒霉的总是我？"在困难面前，他们是那么的不堪一击，甚至有人会选择结束自己的生命。"这个世界太残酷，我无法生存下去。"他们说。

经过多年的流浪生涯以及纳粹分子的迫害，犹太人深知：没有什么比活着更加重要。犹太拉比曾说："只要你活着，你就有重生的可能，这已经是上天对你最大的恩赐了，你还要抱怨什么呢？"

有一个犹太富翁，他在一次生意中赔光了自己的所有资产，而且还欠下了一屁股债。他只能卖掉房子、汽车，以偿还债务。

当还清所有的债务时，他已经变成了一个穷光蛋，妻子离他而去，身边的朋友也很少联系他，他的身边只剩一本书和一只心爱的猎狗。他失去了房子，只能在外面流浪。在一个大雪纷飞的夜晚，他来到一个偏僻的村庄，在一个避风的茅棚中暂时落脚。茅棚中有一盏油灯，这个犹太人就用自己最后一根火柴点亮了这盏灯，想看看书。但是忽然一阵风来，油灯被吹灭了。连这个小小的心愿都不能实现，他沮丧地想，所幸我还有猎狗。他摸了摸身边的“老朋友”，蜷缩在茅屋中睡着了。

第二天醒来，他发现猎狗也被人杀死了。看着这只相依为命的猎狗，这个犹太人突然觉得很绝望。我什么都没有了，他想，世间再没有什么值得我留恋的了。他决定结束自己的生命。这时，他突然意识到整个村庄都沉浸在一种可怕的寂静中。他走出茅屋，发现村庄中到处都是尸体。显然，这个村庄昨夜遭受了匪徒的洗劫，而他是唯一的幸存者。

看着眼前的一切，这个犹太人想：既然我是这里唯一活下来的人，那么我一定要坚强地活下去。他打消了自杀的念头，看着一轮冉冉升起的红日，满怀希望地想：虽然我失去了一切，但是我还有生命，这才是最珍贵的。

从这个故事中不难发现，即使身处绝境，不要放弃希望。只要活着，你就有无限的可能。哪怕前方是绝路，你也能绝境逢生。

犹太人教子箴言

一位犹太拉比在告诫世人时说：“既然有阳光普照的日子，那么一定有阴雨绵绵的日子。既然苦难已经来临，那么谁也没有办法，抱怨是无法解决问题的，我们只能等待，等待光明的到来。”

饮食是生命的第一要义

犹太人经常说饮食是生命的第一要义。在流传至今的犹太圣典中，也有很多关于如何饮食的记载。犹太人认为，养成良好的饮食习惯有利于一生的健康。

“没有健康的身体就没有发展的可能，健康是最大的本钱。”这是犹太人挂在嘴边的一句话。虽然流浪了两千多年，还遭遇过纳粹分子的迫害，但是犹太人并没有因此消失，反而顽强地活了下来。这与他们注重养生，保持身体健康有很大的关系。而在所有的养生方法中，犹太人最重视培养良好的饮食习惯。他们经常说：“饮食是生命的第一要义。”

《塔木德》中有很多关于饮食方面的内容，比如规定不同阶级的人在不同的时间进食：斗剑士在第一个小时吃早餐；强盗在第二个小时吃；富翁在第三个小时；体力劳动者在第四个小时；普通老百姓在第五个小时。拉比阿基巴曾经这样教育他的孩子：“早点起床，早点吃饭。有句话说得好：早餐吃得早，比谁都能跑。”

饮食有度：饥时食，渴时饮

犹太人提倡“饮食有度”。拉比迦玛列曾说：“我因三件事羡慕波斯人：他们饮食有度，房事有度，如厕有度。”关于“度”的原则，犹太人是这样说的：“吃三分之一，喝三分之一，给胃留下三分之一的空。”犹太人认为，无论是穷人还是富人，都应该做到饮食有度。《塔木德》上说，穷人干完活之后吃的是面包加盐，非常富有的人的早餐也是面包加盐，最多加上一罐水。

犹太人的教义是，最合理的进食时间是感觉到饥饿的时候，即“饥时食，渴时饮”。如果在饭点没有感觉到饥饿，他们就不会吃东西。在大多数情况下，他们是每日两餐，绝不多吃。关于这一点，有些人感到不能理解，甚至有人认为犹太人在“苦行”。然而在他们看来，饮食有度是维持健康身体的一种有效方法，也是一种生存智慧。

有一次，美国人巴布森来到以色列参加商务活动，到达那天正值周六。巴布森发现以色列和美国完全不一样：这里车辆稀少，交通畅通无阻。他好奇地问犹太商人舍温里：“既然这里是你们的首都，为什么车辆这么少呢？”舍温里回答道：“犹太人从星期五的晚上开始，到星期六的晚上，会禁烟、禁酒、禁欲，一心一意地向上天祈祷，所以这两天的车辆比往日少一半。”

巴布森感叹道：“你们犹太人的生活太过节制了。”舍温里说：“对犹太人来说，享受远远比不上健康的身体。在长时间的流浪生涯中，我们深刻地体会到一点：健康的身体是最大的本钱。只有拥有健康的身体，才能更好地享受生活。”

从这个故事中不难看出，对犹太人来说，节制的生活并不意味着“受苦”。相反，只有节制饮食和私欲，才能保持健康，从而更好地享受快乐的人生。

犹太父母从小就教育孩子要“饮食有度”，不要因为贪吃而放纵自己，因而犹太青少年很少出现体重超重现象。

三天喝一次的酒是黄金

犹太人有一个十分著名的“健康八训”，其中提到适量的饮酒可以放松身心，缓解工作压力，但是多饮就会伤身，甚至会与他人发生不必要的冲突。他们认为，酒是好东西，但不可多喝。对于饮酒，犹太人的看法是：“早晨的酒是石头，中午的酒是红铜，晚上的酒是白银，三天喝一次的酒是黄金。”

当诺亚在院子里种植葡萄时，撒旦出现在他面前。撒旦问：“你在种植什么？”诺亚回答道：“我在种葡萄。”撒旦又问：“种葡萄干什么？”诺亚答道：“葡萄可以种来吃，它的果实是甜的；葡萄还可以酿酒，酒可以让人心情愉快。”撒旦说：“我们为葡萄藤找几个同伴吧。”诺亚答应了。

撒旦用极快的速度牵来了一只羊羔、一头狮子、一头猪和一只猴子，然后将它们杀死，让它们的血渗进葡萄园的土壤中。

犹太人常常用这个故事描述喝酒人的状态：在喝酒之前，人们像羊羔一样安静；当一个人喝了适量的酒之后，他认为自己像狮子一样强大；当他喝得比较多的时候，他像一头猪一样在地上翻来滚去；当他彻底喝醉时，他就变成了一只猴子，到处乱跑，浑身都是难闻的气味。因此，犹太人常对子女说：“当你到可以喝酒的年纪时，应该适度饮酒，不要放纵自己。”

犹太人教子箴言

犹太人有很多关于饮食的俗语，比如：“蜂蜜及一切的甜食有助于愈合伤口”，“大蒜能够充饥、能够杀死寄生虫、能够使脸庞发亮、能够使身体保持温暖、能够增强人的力量。当然它最神奇的功效是消除嫉妒，促进爱情。”

懒惰的人像粪便一样让人讨厌

《塔木德》上说，懒惰的人像粪便一样让人讨厌，谁也不愿意接近这样的人。犹太人认为，懒惰的人比无能的人更让人厌恶，因为他们本可以改变自己的命运，却眼睁睁地看着自己变成了生活的失败者。

一位犹太拉比在教育学生时说：“天才需要勤奋，因为那会使他们获得更加闪耀的成就；愚笨的人更需要勤奋，因为勤奋可以补足他们先天的不足。”犹太人格外看重勤奋这一品质，他们信奉这样一句话："你可以与一个贫困的人交朋友，物质上的贫穷并不意味真的贫穷；但是你不能跟一个懒惰的人交朋友，因为这样的人永远都不会有大成就，他们甚至会拖累你。"

在生活中，我们常常能看到这样的人：他们天资聪颖，但是也许是天资让他们变得骄傲自满，他们常常说："即使我不勤奋，我也能获得自己想要的。"于是他们越来越懒惰，看着别人远去的背影时，他们毫不在意地想："只要我想，我一定能够追上他们。"然而，等他们回过神来时，却发现早就看不到别人的身影，即使奋力往前追，也很难追上别人。

犹太人十分厌恶这样的人。他们认为天资并不能成为一个人炫耀的资本。一位犹太拉比说："那些经常炫耀上天恩赐的人是愚蠢的。"即使一个人很有天赋，也不能保证他不会被贫穷和无能困扰，但是懒惰会毫不留情地毁掉他的天赋，让他成为一个普通人。因此，犹太人常说："勤奋和成功是互为表里的，如果你想成功，勤奋是必不可少的品质。"

不要成为一个毫无用处的人

犹太人的教义是：懒惰等于无能，虽然它披着让人动心的外衣，但是一旦沉溺其中，你就离贫困不远。犹太人从小就被教育不要成为一个"能躺着绝对不坐着，能坐着绝对不站着"的人，他们认为，虽然懒惰会让你获得一时的欢愉，但是总有一天你会面对最残酷的现实。

有一个农夫养了两头驴子和一只羊。农夫对羊很好，总是给它喂一大堆吃的，而对两头驴子，只喂一点点吃的。

"为什么农夫要这样对我们？"小驴不满地对驴妈妈说，"难道他没有看见我们给他干了多少活吗？"驴妈妈安慰小驴道："孩子，其实农夫每天给羊吃这么多，并不是因为喜欢它，而是在加速它的灾难。我想，过不了多久你就会看到羊的悲惨下场的。"

圣诞节来临了，农夫宰了羊。此后，小驴总是小心翼翼地吃东西。驴妈妈对小驴说："孩子，羊之所以有如此不幸的下场，并不是因为它吃得太多，而是因为它什么也不干。你回想一下，它每天除了叫几声，还做过什么事情吗？这样对农夫没有用处的动物，一定活不长的。"

从这个故事中不难发现，人如果变得懒惰，靠不劳而获过日子，让别人看不到自己的价值，最终只会被这个社会淘汰。

不劳而获的人最终会受到惩罚

有些不劳而获的人不仅不为自己感到羞耻，反而认为自己很"聪明"。"至少我能找到不劳而获的方法啊。"他们总是这样说。在犹太人看来，这种"聪明"只能起一时作用，对人的发展毫无益处。正如一位犹太拉比所说："使用小聪明的人永远敌不过拥有大智慧的人。"

有一次，罗马皇帝哈德良看见一个老人正在种植无花果树，随口问道："你认为自己能够享受果实吗？"老人摇摇头，说："我并不这么想，因为我的年龄太大了。但是一想到我的孩子们能享受到，我就有干劲了。"

"如果您能活到这颗无花果树开花的日子，请您告诉我。"哈德良皇帝对老人说。几年后，无花果树果真结出了果子，老人提着满满一篮子果实来到哈德良皇帝面前，对他说："我就是几年前的那个老人，现在无花果树结果了，这就是我劳动的果实。"皇帝很高兴，他亲切地让老人坐下，然后赐给了老人一篮子金子。

"您为什么要给一个老犹太人那么高的荣誉？"老人走后，皇帝身边的侍从不解地问。皇帝回答道："这是给他的勤劳的奖励。"

老人的邻居听说了这个消息后，兴奋地对妻子说："皇帝爱吃无花果，只要给他一篮子无花果，他就会给你一篮金子。"于是邻居提着一篮子无花果来到皇宫，要求换取金子。

听到侍从的报告后，皇帝气愤地说："我最讨厌不劳而获的人，让这个人站在皇宫门口，路过的人都可以往他脸上扔无花果。"黄昏时，这个人回到了家。妻子惊讶地发现，丈夫没有换来一篮子金子，而是换来了一脸包。

从这个故事中不难发现，不劳而获的人会受到他人的鄙视。要想摆脱贫穷的命运，你只能依靠自己勤劳的双手。

懒汉很难成就一番事业

犹太人常说："懒惰是最可怕的陷阱，它向人们伸出双手，好像靠近它们就能得到抚慰。然而，当你走近它时，就会发现它是梦想的坟墓、疾病的温床。"我们十分痛心地发现，在现实生活中，即使是追求梦想，有些人也能想出最省力的方法：靠别人。然而别人是否可靠？一位犹太拉比曾说："没有人比你自己更可信，如果你都不能做到的事情，别人又怎么能替你做到？"

事实上，如果我们观察那些举世闻名的伟人，就会发现，他们可能不聪明，但是没有一个人是懒惰的。如果你想成就一番事业，就不能变成一个懒汉。

犹太人尤里是一个成功的商人，他白手起家，虽然遇到了很多困难，但是最终成了业界的领头羊。他名下有多家产业，生意遍布全球。

有一次，一个青年好奇地问他："我需要怎么做，才能拥有如您一般的成就呢？"尤里回答道："其实很简单：不要懒惰。我从小就被教育不要成为一个懒汉，想要取得成就，就要付出努力。父亲告诉我，想要获得零花钱，就要帮妈妈做家务，他从不允许我们把不劳而获变成习惯。长大后，我也一直记着这一点，所以我的勤劳赶走了贫穷。"

从这个故事中不难发现，勤劳是成功的先头兵。一个人即使只有平凡的才能，勤劳也可以弥补他先天的不足，让他成为人人羡慕的成功者。

犹太人教子箴言

犹太人有这样一句格言："早上赖床，白天喝酒，傍晚闲聊，人生就会被断送。"犹太拉比也曾说："勤劳是我们生存的必要条件，如果不努力工作，我们就会一无所有。"

用心搜寻，世上处处是机会

犹太人认为，在这个世界上，只要你能用心搜寻，你就能发现机会。只要能把握住这些机会，你就可以实现自己的理想，找到自己的价值。

很多人感叹机会如同一只狡猾的狐狸，虽然美丽，但是从不让人们看清楚它的容颜。它们总是竖起自己的耳朵，一听到脚步声就跑走了。"能抓住机会的人一定是上天的宠儿。"人们这样感叹。

犹太人并不认同这样的观点，他们认为，只要你认真搜寻就一定能发现机会。犹太人常说："如果你拥有一双善于发现的眼睛，你就会发现这个世界处处是机会，那些感叹自己没有机会的人，只是一群站在黄金上而不自知的睁眼瞎子而已。"

不要因为犹豫而错失机会

犹太人有这样一句俗语："如果你想抓住机会，你就要变成一个出色的猎人，不要给它溜走的机会。"在很多时候，机会就像风一样，它悄无声息地来到你身边，当你刚刚注意到它时，它又飞走了。

因此，当意识到机会已经降临时，犹太人不会犹豫不决。一个成功的犹太商人曾说："我从不让机会从我身边溜走，我明白，有些机会一生只能遇到一次，一旦错过就永远找不回来了。"犹太人之所以能成功，很大的因素就是他们能够迅速地抓住眼前的机会。

犹太人华尔顿是织造厂的一个小技师。有一段时间地方经济不景气，商人不得不将自己的商品低价出售，价格低到一美元可以买60双袜子。很多商店和工厂都倒闭了，一时间没有人敢去做生意。

但是就在这时，华尔顿兴冲冲地对妻子说："这是一个机会，我们应该开始做生意了！"他将自己所有的积蓄都拿出来购买低价的货物。人们纷纷嘲笑他，认为他看不清市场行情。"你是不是疯了？这样是赚不到钱的。"很多朋友这样劝告他。

然而华尔顿却不为所动，他继续购买低价的商品，甚至租了一个大货仓来储存这些货物。最开始表示支持他的妻子也有点担心，对他说："我们挣钱不易，这些钱都是打算给孩子们交学费的。如果这次生意失败了，后果将不堪设想。"对于妻子的担心，华尔顿只是笑了笑，说："你不要担心，不出两个月，这些廉价的货物就能给我们带来财富。"

事态的发展并没有华尔顿说的那么顺利，过了一些日子，那些工厂发现廉价出售货物也找不到买主了，只能将所有囤积的货物烧掉，以此稳定市价。人人都在嘲笑华尔顿："你什么时候烧掉那些商品？"对此，华尔顿没有表现出任何的不快，也没有做任何解释。

几个月后，美国政府采取了紧急行动，稳定了地方的物价。这时，华尔顿所在地区因为焚烧的货物过多，所以物价飞涨。华尔顿马上将自己的货物抛售出去，大赚了一笔。

在他决定抛售货物时，妻子对他说："你不如再等一等，因为物价还在不断上涨。"华尔顿却说："现在必须把它抛售完，不然追悔莫及。"果然，华尔顿的商品刚刚抛售完，物价就跌了下来。后来，华尔顿用赚来的钱开了六家商店，生意越来越好，最终成为商业巨子。

从这个故事中不难发现，想要抓住机会，就不能犹豫不决。如果故事中的华尔顿因为他人的劝说和不断下跌的物价而犹豫不决，那么他就不可能抓住这次机会。

不要放弃任何一个机会

有些人曾经感叹道："我想要得到这个机会，但是它看上去太遥远了，我根本就得不到。"犹太人不认可这种观点，他们常说："如果你想要致富，就不能放弃任何一个能够帮你得到财富的机会，哪怕这个机会只有万分之一。"

有一个犹太商人急着去纽约谈生意，但是他事先没有购买车票，此时又是圣诞节前夕，很难买到车票。他的妻子打电话给车站问是否还有车票，得到的答案都是车票已经被卖光了。售票员说他们可以带着行李来车站碰碰运气，因为也许会有人过来退票。但是售票员反复强调道，这种机会很渺茫，基本上遇不到。

这位犹太商人决定去碰碰运气。妻子关心地问："如果你遇不到退票的人怎么办？""那我就当自己出去散步了。"商人平静地回答道。

商人抵达了车站，等了很长时间，他都没有遇到退票的人。不过他没有沮丧地回家，而是耐心地等待。终于，他等到了一个匆匆忙忙赶来退票的妇女：她的女儿突然生了重病，她不得不改乘其他班次的火车。

商人买下了那张车票，顺利地坐上了通往纽约的火车。抵达纽约后，他打电话告诉妻子："亲爱的，我没有放弃最后一个机会，所以我成功了。"

从这个故事中不难看出，在很多时候，机会就像一个调皮的仙子，她站在一个遥远的地方向我们招手。如果我们因为路途遥远就放弃对她的追求，她就会转身离去，再也不会回到我们身边。

与其等待机会，不如搜寻机会

在生活中，很多人想不付出任何努力就得到机会：上学时，他们不努力学习，却希望一毕业就能够进入理想的公司；工作时，他们不愿意提高自己的工作技能，只会指望自己的亲人、朋友为自己“介绍”更加理想的工作；寻找伴侣时，他们不想提高自己的魅力，却希望寻觅一个完美的伴侣。

犹太人十分厌恶这样的人，他们常说：“你不要指望有黄金砸中你，也不要认为机会会主动来敲你的门。”犹太父母经常对子女说：“与其等待机会，不如搜寻机会。”

犹太人萨尔洛夫出生在一个贫寒的家庭，在他小学毕业时，父亲去世了，他不得不辍学打工。因为他年纪太小，所以找不到合适的工作，他只能一边学习，一边打零工。后来，他在邮电局找到一份工作。

萨尔洛夫很珍惜这次机会，他发誓一定要好好学习电报技术，最终成为电报业的老板。他将自己的收入节省下来，白天勤劳地工作，晚上就去夜校学习。因为勤奋和聪明，他受到了老板的赏识。

后来，为了扩展业务，老板设立了“美国无线分公司”。萨尔洛夫主动请缨，最后成了总经理。他终于可以发挥自己的才能了，最终，他实现了自己的理想，成为美国电报业的巨头。

从这个故事中不难发现，与其坐在家中等待机会从天而降，不如努力地充实自己，主动地搜寻机会、创造机会。

犹太人教子箴言

机会对每个人都是平等的，只要你认真努力，你就能发现并且抓住机会。那些哀叹机会不等人的人，往往是不愿意改变的懒人。

只要值得，不惜血本也要冒险

犹太人认为，在机会来临之时不敢冒险的人，多是平庸之辈。犹太人就是乐观的冒险者，他们相信风险和机会并存。他们常说："只要值得，不惜血本也要冒险。"

有些人认为犹太人有点矛盾。从某个角度来说，他们是保守的谨慎派，因为他们经常在事情没有开始之前就想到它最坏的结果，并且提前准备好最佳的应对方案。但是在某些时候，他们又是乐观的冒险者，因为当面对那些在大多数人看来十分危险的事情时，犹太人却表现得相当勇敢，总是能冒险冲锋，勇往直前。

对于这个疑问，犹太人常用这样一句话来回答世人："当赚钱的机会来临时，如果你犹豫不前，那么你没有资格得到上天赐予的财富。至于谨慎，那是你走上前之后的事情了。"在犹太人看来，在真正去做一件事情之前，你很难准确地知道它的成败概率，如果你不敢冒险，就会让自己和成功擦肩而过，最后看着那些勇敢者叹息。

大风来临时乘风而行

犹太人素有"冒险者"的名声，他们常说："敢于冒险的人才能够发财。"犹太人中有那么多成功的商人，如果你仔细阅读他们的履历，你会发现，他们中很少有人不具备冒险精神。正如一位犹太商人所说："当大风来临之时，你不要去当心自己会被它吹倒，而应该乘风而行。"

在很多人眼中，亚蒙·哈默是一位点石成金的大富豪，有媒体将他的生平称为"传奇的一生"。哈默的一生都在冒险中度过，而他最大的一次冒险就是在利比亚。

在意大利占领利比亚期间，独裁者墨索里尼花了大量的资金在利比亚寻找石油，但是没有任何收获。当美国西方石油公司抵达利比亚时，除哈默之外的大多数公司高层都认为，应该放弃利比亚的租借地。

哈默却对下属说："我坐这么久飞机来到这里，不是为了空手而归。"为了得到租借地，他向利比亚政府承诺：愿意拿出毛利中5%来帮助利比亚发展农业。他还对国王和王后允诺，拨出一笔专项资金，用来在国王和王后的诞生地附近的沙漠中寻找绿洲。

最终，哈默如愿以偿地得到了两块租借地，但是事情的发展却并不顺利。他们花费了约300万美元开采租借地，但是钻出来的头三口井都是枯井，没有见到一滴油。董事会中的大多数人开始指责哈默，说他的决定十分愚蠢。甚至哈默的好友——公司的第二大股东里德也开始指责哈默。

只有哈默清楚自己的选择是正确的。在和董事会僵持几周后，第一口油井出油了。紧接着，其他的八口油井也都有了动静。董事会高兴坏了，因为这里的油都是高级原油，日产量约10万桶。后来，哈默在另一块租借地上钻出了叙利亚最大的油井，日产量约7万桶。美国西方石油公司立刻成为世界石油行业的翘楚，哈默也从中获取了大量的利润。

从这个故事中不难发现，成功更青睐于敢于冒险的人。犹太人常说："成功需要一定的胆识，只有敢于冒险的人才能看到最美丽的风景。"

学会在风暴中拾取宝石

《塔木德》上说："在这个世界上，只有虫子不会跌倒，因为它们只会挖洞和爬行。"在生活中，我们常常能看到这样的"保险主义者"：他们不敢改变自己的生活环境，只要是让他们承担风险的事情，他们都不会去做。他们常说："我只要这样平平淡淡的生活就好了，不想做任何冒险的事情。"然而，他们却花费大量的时间和金钱在彩票上，希望上天能赐给他们一笔财富，从此改变自己的境遇。

犹太人觉得这样的人很可笑。他们常说："每个星期用火烧掉几张钞票，也比拿去买彩票强！"我们深知，买彩票的人根本就不知道自己成功的概率，除非他们买很多张彩票，否则很难中奖。在犹太人看来，与其寄希望于这些没有任何保障的赌博，不如承担一定的风险，去做更有效益的事情。

1921年，23岁的哈默准备前往苏联。那时的苏联刚刚经历过内战和灾荒，人们生活十分困难，传染病和饥荒威胁着人们的生命。当时很多西方人士对苏联充满了偏见，所以西方媒体在提到这个饱经沧桑的国家时，最喜欢用"东方的地狱"这个字眼。即使列宁领导的苏维埃政权采取了新经济政策以吸引外资，但是没有人愿意去那个国家，而那些去苏联做生意的企业家也被人称为"月球探险家"。

因此，在哈默准备前往苏联时，他遭到了很多人的反对。朋友对他说："那是一个地狱！你不仅不能获得财富，还会搭上命。"亲人对他说："不愁吃穿安稳地过一生不是很好吗？为什么要把自己推入那么危险的境遇中？"但是哈默不为所动，他认为风险虽然高，但是利润也很大。于是，他乘着轮船来到了苏联。

苏联的情况令哈默大惑不解：一方面，这是蕴藏着巨大的宝藏，物产丰富；另一方面，饥荒严重，饿殍遍野。既然这里这么缺粮食，那我可不可以将美国的粮食运到这里来卖？哈默突然想到这几年美国粮食大丰收，很多农民只能将粮食烧掉。很快，他又打听到苏联有大量的毛皮、白金可以交换粮食。于是，他成了第一个前往苏联进行易货贸易的美国人。而通过这个贸易，他积累了大量的财富，成了大富翁。

在风险中淘金，是犹太人十分喜欢的一种方法。他们信奉这样一句话："如果你在别人都后退的时候前进，你就能欣赏到别样的风景。"

善于学习：独步世界的快捷方式

学习不仅仅是被动地接受老师传授的知识，还要进行思考，敢于质疑，发现问题。犹太人认为：“为了学习而学习的人是只会拉磨的驴子。”确立自己的目标，保持高度的专注力，并且养成良好的习惯，才能让你变成一个真正的智者。

兴趣是成功的第一任老师

犹太人认为，兴趣是成功的第一任老师。很多人之所以没有实现自己的价值，就是因为他们没有找到自己的兴趣所在。人只有在做自己真正感兴趣的事情时，才会投入百分之百的热情。

犹太民族是一个十分重视学习的民族，犹太拉比曾说：“上帝对每个人都是公平的，因为他告诉你，只要努力学习，你就能获得想要的东西。”

虽然犹太人如此重视学习，但是他们并不将成绩看得很重。相比成绩，犹太人更重视发现、培养自己的兴趣。他们常说：“没有兴趣的学习就是机械式学习，只是为了应付老师、家长。一旦没有外人监督，这些人就不会再继续学习。如果一个人没有找到自己的兴趣所在，那么他的人生必然是无趣的。”

如果人们试着了解那些成功犹太人的生平，就会发现，他们之所以取得令世人瞩目的成就，就是因为他们一直在自己感兴趣的领域内奋斗着。如果你害怕自己的生活变得平庸，就要试着做自己真正感兴趣的事情，那时你才能发现生活的美妙滋味。正如一个犹太音乐家所说：“想要让自己的音乐充满感情，你必须先爱上你的乐器。”

努力寻找自己的兴趣

一位犹太拉比曾说：“这个世界总有你不感兴趣的东西，同样的，也存在讨你喜欢的事物。”犹太人从不会说：“我对这个世界已经完全失去兴趣了，因为我找不到自己喜欢的东西。”他们深知，在这个世界上，人类是渺小的，有很多东西是人们所不知道的。既然还没有完全认识这个世界，人们又怎么能对这个世界绝望呢？

因此，如果对物理不感兴趣，犹太人就会试着学习语文；如果不喜欢做手工，犹太人会试着学习烹饪。总之，他们会努力地寻找自己的兴趣，因为他们明白，兴趣可以让一个人充满激情，让人取得意想不到的成就。

物理学家费曼被称为“独一无二”的天才，因为他的工作其他人根本做不了。为什么费曼能够成为这种天才？和他父亲对他的培养有莫大的关系。在费曼还是个三四岁小孩的时候，父亲就买了五颜六色的“马赛克”给他玩，让他自由地摆出花样。等他大一点后，父亲又经常和他讨论生活中的“怪事”，如鸟儿的翅膀为什么这么轻盈，以此激发他对万物的兴趣。等他开始上学后，父亲为他建立了一个实验室，让他自己试着修理收音机等小家电。

从这个故事中不难发现，兴趣可以帮助人们找到人生的方向，实现人生的价值。正因为费曼从小就找到了自己的兴趣，才能在学习的过程中有所偏重，最终成为“独一无二”的天才。

为自己的兴趣全力以赴

很多人能够找到自己的兴趣，但是他们并没有因此成就一番事业，为什么？因为他们从未对自己的兴趣努力过，也从未想过提升自己这方面的能力，甚至有人说：“不能将兴趣变成你的工作，那会使你感到厌烦的。”

犹太人并不赞同这种想法。在他们看来，为自己的兴趣全力以赴是一件美好的事情。与其从事毫无趣味的工作，不如为自己的兴趣拼一把。此外，犹太人还认为："即使你对这种事情感兴趣，也不意味你是这方面的天才。想要取得成功，你就必须付出努力。"

以色列的第一任女总理梅厄夫人从小就对政治活动十分感兴趣。自小学毕业后，她住在姐姐家中，而每天晚上都有很多人在姐姐家中谈论时局。梅厄夫人被这种氛围深深地吸引住了，她告诉自己，长大后一定要进入政坛，成为政坛的领袖。

梅厄夫人没有将自己的梦想停留在"幻想"阶段，她开始积极参加政治活动，发表各种各样的演讲，号召大家给贫穷的犹太同胞捐款。后来，她成长为一个出色的女外长和女总理。

从这个故事中不难发现，与其离自己的兴趣远远的，说"我真的很喜欢它"，不如试着提高自己在这方面的能力，将兴趣变成自己的事业，实现自己的理想。

犹太人教子箴言

如果这件事情让你觉得毫无趣味，那么做这件事情也就失去了最根本的意义。当你为自己的兴趣奋斗时，你会发现自己充满激情，困难也迎刃而解。

好习惯会影响一个人的一生

"一个坏习惯会毁了你一生。"这是犹太人常挂在嘴边的一句话。培养良好的习惯对人的发展格外重要，因为它会在潜移默化中改变一个人的人生轨迹。

“树大自然直，你无须担心孩子的发展，他长大之后自然就能变好。”也许你曾经听过这样的话。然而这种想法是十分错误的，因为习惯一旦养成，就很难改变。正如一位犹太拉比所说：“世界上最顽固的东西是什么？人的性格。”如果从小就养成了坏习惯，那么这些坏习惯总有一天会将你推入万劫不复的深渊中。

良好的习惯胜过千吨黄金

犹太人常说：“若是因为孩子年龄小而选择放纵他的话，那么你一定是他的仇人。”犹太人对孩子从小就十分严格，那些在其他孩子看来很普通的事情，犹太父母总是不允许孩子做。其实并不是犹太父母不爱自己的孩子，也不是故意惩罚孩子，而是犹太父母一直有一个认知：“养成良好的习惯，胜过给孩子留黄金。”

如果你试着了解犹太伟人的生平，你就会发现，那些能够顺利地实现自己抱负的人，往往在小时候就养成了良好的习惯。他们无须费心思考，这些习惯就能够将他们引入正确的道路中。

卡尔·威特是个早产儿，出生没多久就生了一场大病，人人都说他没救了。所幸，在父母的精心照料下，小卡尔恢复了健康，但是父母马上就发现他没有同龄孩子那么灵敏。他反应有些迟钝，总是过几秒才能理解父母的举动。“这个孩子是个低能儿。”经过诊断后，医生对卡尔的父母说。

卡尔的父亲并没有因此放弃对孩子的教育，他深知习惯可以改变一个人的命运，所以尽自己最大的力量帮助卡尔养成良好的习惯。为了让卡尔变得健康，父亲为卡尔制定了一个饮食规律表，让卡尔按照饮食表上的时间吃饭。

等卡尔长大一点后，父亲严格地规定了卡尔的学习时间和玩乐时间，帮助他养成看书专注的习惯。比如：父亲规定他每天要看45分钟的书，如果卡尔在这个时间段内不专心，就会受到严惩。

在不知不觉中，卡尔已经到了可以上学的年纪。他已不再是“低能儿”，而是一个远近闻名的天才。他8岁时就通晓六国语言，而且对植物学、动物学知识了若指掌。卡尔10岁时进入格丁根大学，16岁时成为法学博士，后来一生都在大学中任教，是著名的学者。

从这个故事中不难发现，良好的习惯可以改变一个人的一生，让别人眼中的傻瓜变成人人羡慕的天才。

坏习惯极具破坏性

有的人说：“好习惯和坏习惯的差别，如同进门时选择用左脚还是用右脚一样，虽然方式不一样，但是不会影响最后的结局。”他们认为这些看似微小的习惯并不会影响大局，更不会影响自己的人生。

在犹太人看来，这种想法十分愚蠢。犹太人常说：“没有什么比习惯更能影响一个人的发展轨迹。习惯是看不见的精灵，它们会偷偷钻进你的心里，左右你的决定。”很多时候，我们之所以会犯下大错，就是因为我们对最初的小错视而不见，而坏习惯一旦养成，就很难改变了。

有一个罪犯马上就要被处决了。有人问他还有什么未了的心愿，他说自己想见一见母亲。母亲来了，他说自己有悄悄话要告诉母亲，当母亲凑过去时他一口咬掉了母亲的耳朵。

“我把你生下来，还将你养育成人，你为什么要这么对我？”母亲捂住自己的伤口，气愤地问。罪犯说：“小时候，你给我和哥哥吃苹果，你问谁要大的，哥哥说他要最大的，结果你狠狠地批评了哥哥一顿。后来我说我要最大的，你不但给我最大的苹果，还笑眯眯地表扬了我。从此，我以为只要是我想要的，任何东西我都能获得。长大后，我学会了偷窃，之后学会了抢劫……我恨你，要不是你让我养成坏习惯，我也不会有今天。”

从这个故事中不难知道，和好习惯一样，坏习惯同样可以影响人的一生，但是这种影响是极具破坏性的，甚至会毁掉人的一生。

学会养成良好的学习习惯

犹太教育家巴赫德塔曾说：“我发现很多犹太孩子在数学上的天赋很高，如果给他一道数学题，他马上就能解出来，但是如果给他一道作文题，他却只能写出一篇普通的文章。问题就出在家庭作业上，因为他们从来没有重视作业，最多只完成三分之二的作业。而各科成绩优秀的孩子，往往是能够将老师指定作业完成95%，而且还能阅读半个小时书的人。”

在犹太人看来，天赋高的人固然可以取得理想的成绩，但是要是没有良好的学习习惯，他们也会遇到很多困难。“没有什么比养成良好的学习习惯更有效的学习策略了。”这是犹太人常挂在嘴边的一句话。

犹太人威尔是一个天资聪颖的人，从进学校开始，他就是众人学习的榜样，因为他总能轻松地回答老师的提问。但是最近他很烦恼，因为班上新来的同学抢了他的“风头”，他再也不是“明星”了。

考虑再三，威尔决定向新同学请教。“为什么你这么聪明？”威尔说，“能告诉我方法吗？”新同学想了想，说：“很简单，只要每天完成老师布置的作业就好了。”看着威尔迷惑的表情，新同学又说：“其实我并不聪明，只是用这个方法巩固了我所学的知识，等老师提问的时候自然能回答出来了。”

从这个故事中不难看出，只要拥有良好的学习习惯，人人都可以变成“天才”。因此，犹太人常说：“学习习惯好的人才能被称为‘天才’。”

犹太人教子箴言

一位犹太拉比曾对学生说：“你每天做的事情，揭示你将成为一个什么样的人。”犹太父母经常对子女说：“如果你想提高学习的效率，就先试着改变自己的坏习惯，这样做可以事半功倍。”

提出问题比解决问题更重要

犹太人常说，只会死记硬背的人是“背着书本的驴子”，因为他们虽然学习了很多知识，但是不知道如何运用，没有进行任何的创新，他们的学习只能算是一种模仿。

爱因斯坦曾说：“提出问题比解决问题更重要。”犹太人虽然重视学习，但是从来不倡导人们成为书本的“奴隶”，成为学习的机器。他们认为：“如果一个人只会复述书本上的知识，没有任何自己的见解，那他只能算书本的‘寄存柜’。即使他记下了很多知识，也不会运用这些知识。”

在孩子很小的时候，犹太父母就鼓励他们提出自己的疑问，即使孩子问的问题有点傻：“天空为什么是蓝色的？”“我为什么不能飞？”“大树为什么不会说话？”犹太父母也不会将孩子的问题当作一个笑话，因为他们知道这意味着孩子在用自己的视角探索这个世界。

鼓励提问是犹太人的传统。我们经常说：“不会提问的人是平庸的，因为那意味着他对万物都没有自己的思考。”在犹太人看来，“问题篓子”并不是一个“麻烦”，而是未来的成功者。

养成提问的习惯

很多人认为只要学习标准答案就可以了，无须自己费心思考问题。在犹太人看来，这样的做法无疑将自己推入平庸的泥沼中。犹太人认为：“有了问题，才会有思考，进行思考之后才能解决问题。只有这样不断地思考、提问、解决问题，我们才能发现更多真理，看到更遥远的世界。”有些人认为在日常的生活中不可能找到那么多问题，但是犹太人却常说：“只要这个世界上还存在你不知道的事物，你就一定能找到问题。”

因为丈夫经常要出差，所以犹太人杰丝卡承担了教育儿子阿莱克斯的重任。有一天，阿莱克斯坐着幼儿园的接送车回到了家，正在家门口和人聊天的杰丝卡一看到儿子就马上迎了上去，陪儿子一起走进了房间。

进门后，杰丝卡问的第一句话不是“今天掌握了多少知识”，而是“今天你提问了吗”。看见儿子点了点头，杰丝卡又问：“那么，你提了几个问题？”阿莱克斯开始复述这一天的问题，问题千奇百怪，有“为什么我们今天不吃土豆”，也有“为什么树叶还没有变红”，一天下来，阿莱克斯竟然问了37个问题！

当儿子说完后，杰丝卡摸了摸他的头，说：“真棒！”为什么阿莱克斯能够提出这么多疑问？原来，在阿莱克斯很小的时候，杰丝卡每天都要问他几个问题，比如为什么人每天都要吃饭，吃的这些饭最后去了哪里？最开始，回答不出来的阿莱克斯会憋红脸，咬住下唇什么也不说。但是自从杰丝卡对他建议每天都问别人十个自己不懂的问题之后，他就越来越喜欢提问了，因为他觉得每一天都是新鲜的。

从这个故事中不难发现，犹太人将提问当作是认识世界的一种方式，他们认为人们可以在提问和寻找答案中激发思维能力，学习更多的知识。

好的问题会引出好的答案

《塔木德》上说：“好的问题常常会引出好的答案。”学习时若不思考，那么即使读了再多的书，也只能成为愚者。思考是由怀疑和问题组成的，只有不断地提问，不断地寻找问题的答案，才能打开知识的大门。犹太人信奉这样一句话：“真正的天才都是捕捉问题的能手。”

一位科学家在小时候学习成绩不好，但他爱好发明，经常拿着自己发明的小玩意去学校。有一次，他模仿水车碾粉机做了一个小模型，得意扬扬地拿到学校炫耀。然而，当一个成绩优异的同学让他说明这个模型的运行原理时，他却支支吾吾说不出来。

那个同学嘲笑道："如果你不知道原理的话，你不就是一个手脚灵活的傻子吗？"这位科学家羞红了脸，下决心以后无论遇到什么问题，都要多问一句"为什么"。当这样做之后，他发现自己对世界的认知更加清晰，成绩也越来越好。长大后，他依旧保持着这个习惯，这也为他的科学事业提供了助力。

从这个故事中不难发现，很多人之所以能成就一番事业，不是因为他们具有别人没有的天赋，而是他们能够积极地思考，发现别人看不到的问题，在解决问题的过程中提升自我。

成功源自刨根问底地探求问题

"平庸的人只会拿着一成不变的说明书做事情，而成功者却能从说明书中发现问题，找到更好的方法。"这是犹太人经常说的一句话。在提到犹太民族时，很多人会提到"聪明""精明"这样的字眼。但是在犹太人看来，他们之所以成功，并不是因为天赋，而是他们会不断地改进做事的方法，在推动社会进步的同时获得成就。

犹太人艾卡是一个普通的商人，在同行眼中，他有些不务正业，因为他很少去商店，反而经常在外面散步，和附近的居民交谈。

当朋友建议他将更多的心思放在生意上时，他说："我只是在思考是否存在更好的销售方法。当我发现人们对我们的货物摆放位置有意见后，我就会思考：'是否存在更理想的方法？'提出这个问题之后，我会不断地思考答案，直到成功解决问题。"

不久之后，同行们惊讶地发现，虽然艾卡很少去商店，但是他的生意却越来越红火。直到艾卡开了三家分店后，他们还是没有弄懂这个问题。

从这个故事中不难发现，虽说成功没有捷径，但是正确的方法会让事情事半功倍，让人们更容易地实现自己的目标。

犹太人教子箴言

诺贝尔奖获得者美籍犹太人赫伯特·布朗说：“在我整个童年时代，父母都鼓励我提问，他们让我知道不需要依靠信仰去接受一件事物，一切都求之于理。”

不要成为一个毫无方向的失败者

“没有目标的人就像一只乱飞的苍蝇。”这是犹太人经常说的一句话。想要成就自我，你就要为自己设立一个目标，否则你会变成一个毫无方向的失败者。

“你的目标是什么？”很多人无法回答这个问题。在他们看来，只要做好当下的事情就能够得到理想的结果。“计划总是赶不上变化，人生有太多变故了。”他们总是这样说。

犹太人认为这样的人是十分愚蠢的，因为没有目标就意味着没有奋斗的方向，就像一个人站在十字路口上，没有经过认真考虑就选择了自己要走的路，当发现这不是自己理想的道路时已经浪费了太多的时间，到最后他们只有叹息：“要是我当时慎重一点就好了。”

没有目标的人很难有前进的动力。有些人经常说：“既然我没有想获得的东西，何不停留在原地呢？”他们看着别人一个接一个地超过自己，却没有任何的感觉，甚至说：“他们忙忙碌碌是为了什么？不如像我一样享受人生。”直到即将被社会所淘汰，他们才发现，原来确立目标是为了变成更好的自己。因此，犹太人经常说：“要想取得一番成就，就要为自己选择一个目标。”

从小学会制定目标

《塔木德》上说："一个百发百中的神射手，如果漫无目标地乱射，也很难射中一只野兔。"犹太人深知设定目标的重要性。当他们还是个小孩的时候，父母就会教育他们要为自己找到一个努力的方向，或许这个目标很简单，如学习自己吃饭，但是犹太孩子从中受益良多，因为他们明白了掌控自己的重要性。等长大一点，父母会帮助孩子制定学习目标，提高孩子学习的效率。等孩子长大之后，他们会为自己设定一个人生目标，从而实现自己的人生价值。

犹太人布朗出生在一个平凡的家庭中，虽然他的父亲经营着一家小型齿轮制造厂，但是几十年来生意一直不好，只能勉强维持生计。当布朗出生后，父亲对自己说："我一定要好好教育孩子，不让他重蹈我的覆辙。"总结了自己的经历后他发现，他之所以没有获得想要的人生，就是因为没有选好奋斗的目标。

因此，在布朗很小的时候，父亲就要求他设定学习目标。当布朗对机械产生兴趣，并想成为一个机械工人时，父亲告诉他："既然你已经有自己的目标了，就要行动起来。"每逢假日父亲就让布朗去齿轮厂参加劳动，与工人一起学习，没有任何特殊照顾。在父亲的教育下，布朗熟悉了工业技术知识，最终确立了自己的人生目标：大力发展赛车。

之后，他克服重重困难，成立了自己的赛车公司。1948年，在国际汽车大赛中，布朗公司生产的"马丁"牌赛车夺得了冠军。布朗的公司一举成名，布朗也实现了自己的目标。

从这个故事中不难发现，从小就制定目标，可以让我们掌握自己的人生，走上最适合自己、自己最喜欢的道路，从而实现自我。

制定阶段性目标

犹太人常说："一个人要想成功，首先要学会认识自己。"虽然犹太人强调制定目标的重要性，但是他们并不赞同制定一个遥不可及、无法实现的目标。犹太人认为，在确立目标时应该结合个人条件和所处环境，制定阶段性目标，然后一步一步向自己的最终目标靠近，想一步登天的人往往是幻想家。

犹太人乔治在17岁时就确立了自己的人生目标：成为一家投资公司的总裁。对一个家庭贫困的未成年男孩来说，这个目标十分遥远，但是他却很有信心，对自己说："我不奢望能够在几年内实现这个目标，只要一步一步靠近最终目标就可以了，即使达到终点时我已经白发苍苍。"

硕士毕业后，乔治开始追求自己的目标。他给自己制定了第一个阶段性目标：学习财务管理方面的知识。他进入美国国家地理勘察公司，成为一名财务经理。4年后，虽然他的业务很稳定，上司也暗示过会给他升职，但是他毫不犹豫地辞了职，因为他觉得自己已经学得差不多了。

这时，他给自己制定了第二个阶段性目标：成立自己的公司。他来到了证券公司，一边学习一边等待机会。后来，他用自己的所有积蓄换取了一个老职员的8个客户，并得到了这8名客户的支持，成立了自己的公司。他的创业之路并不顺利，在头两年公司完全处于亏损的状态，但是熬到第三年，客户开始认同乔治，公司的业务越来越好，乔治也终于向前迈进了一步。几十年后，50岁的乔治已经是一名投资公司的总裁，拥有上亿美元的资产。

从这个故事中不难看出，制定阶段性目标可以让看上去遥远的最终目标变得实际而具体，帮助我们稳步朝理想迈进。

为实现目标而奋斗一生

在实现目标的道路上，没有人是一帆风顺的。犹太人常说："即使是天才，也要接受上天的考验。"想要品尝到胜利的果实，你就要下定决心，为实现目标而奋斗一生。

爱因斯坦很早就确定了自己的目标：发现宇宙的真理。于是，在报考大学的时候，他选择了苏黎世联邦理工学院的物理学专业。对爱因斯坦来说，这只是开始。虽然他学习了很多物理学知识，但是在大学毕业后，他还是物理界的门外汉，没有研究院聘请他，他只能去专利局工作，以此维持生计。

即便如此，他依然没有放弃对目标的追求。或许在外人看来，他是一个普通的专利审查员。实际上即使是在工作时，他也没有停止对宇宙万物的思考。后来，他发表了几篇重要的科学论文，宣告狭义相对论的建立。虽然狭义相对论让他名声大噪，但是他没有因此停止对目标的追求。后来，他提出了广义相对论，刷新了人们对宇宙的认知。爱因斯坦一生都在追求真理，可以说，他为实现自己的目标而奋斗了一生。

从这个故事中不难发现，确立目标只是第一步，思考如何实现目标，如何坚持对目标的追求才更重要。

犹太人教子箴言

《塔木德》上有很多关于目标的箴言，比如："我们现在身处何地并不重要，重要的是我们朝着什么样的方向前进。""如果一个人不知道自己的船要驶向何方，那么对他来说，顺风与否并不重要。"

专注是通向知识世界的窗户

在犹太人看来，专注是通向知识世界的窗户，要是不全身心投入，不将自己的注意力集中于某一项事情上面，那么再多的知识也无法进入你的心灵。

一个犹太教育家曾说："注意力是心灵的窗户，所有的信息都要通过它才能抵达心灵。"在生活中，我们常常看到这样的人：他们似乎对很多东西都很感兴趣，但是他们总是无法真正地掌握这些技能。

这些人之所以出现这些情况，是因为他们对任何事情都没有专注力，只会"浅尝辄止"。因为没有全身心投入，所以他们不能发现隐藏在表象背后的真理。正如心理学家卡莱尔说："最愚笨的人，如果能够集中所有的精力在一件事情上，那么他总能做出一番成就。相反，最聪明的人，如果分心于太多事物，那么他很有可能一事无成。"

犹太人深知这一点，所以他们从小就教育孩子要培养自己的专注力。"学习的时候不要想着玩，玩的时候也不要想着学习，做任何事情都要保持高度的专注力。"这是犹太父母经常对子女说的一句话。

专注更容易解决问题

犹太人认为，做任何事情都要专注，在面对一个复杂问题时，专注可以让我们更加迅速地走出眼前的困境。

比尔·盖茨在很小的时候就表现出惊人的专注力，在关注他感兴趣的事情时，他可以忽视周围的一切。中学时，比尔迷上了计算机。那时计算机十分昂贵，比尔只能去学校附近一家计算机公司编写程序。他常常假装睡觉，然而趁父母不注意时偷偷出门，去计算机公司编写程序。有时候，他回来的太晚了，公交车都已经停运，他只好走路回家，但他对此乐此不疲。

上大学后，他有更多的时间学习计算机知识。但是随着学习越来越深入，他也遇到了更多的挑战。有一次，比尔遇到了一个以前从未见过的问题，他思考了很久，依旧没有找到答案。但是他没有因此放弃，他将自己所有的精力都放在解决这个问题上，日夜都在思考这个问题，以至于熟睡时还在做着有关于计算机的梦，他一遍遍地说："0，0，0……"（编者注：编程语言用0和1的指令代码）最终，他成功地解决了这个问题。

从这个故事中不难发现，如果能将自己所有的精力投入到问题中，就能找到解决问题的答案。在这个故事中，正是拥有高度的专注力，比尔·盖茨才在计算机方面获得了非凡的成就，最终成立了自己的计算机公司。

学会排除干扰因素

有些人这样抱怨："虽然我也想安静下来，认真地做事，但是我的身边诱惑太多了，我会不自觉地分心。"对此，犹太人却说："没有人天生就可以保持高度的专注力，要做成一件事情，我们就要学会排除干扰因素。"

有一个皇帝在悬崖边遇到了一位正在看书的学者，皇帝好奇地问："为什么您要在这么危险的地方看书？"学者回答道："也许对你来说，这个地方很危险，但是我认为这里是最理想的书房。在家里看书时，我总是不自觉地被妻子制作的美食吸引；来到屋外，我又想和邻居交谈。只有在这个地方，我才能安安静静地读书。"皇帝又问："在这么危险的地方读书，你不会感到害怕吗？"学者说："在读书时，我只会注意到书中的内容，完全忘记自己身处何处，也就不会觉得危险了。"

从这个故事中不难发现，只要学会排除掉干扰因素，那号称自己有"多动症"的人也可以保持高度的专注力。因此，我们在准备读书前，应为自己寻找一个理想的读书环境，如周围不要有噪音，书桌上不要有引起我们分心的东西等。当然，最重要的是学会排除自己心中的杂念，可以多做几个深呼吸，或者先学习自己最感兴趣的内容，以便让自己迅速地进入学习状态中。

犹太人教子箴言

只有保持高度的专注力，我们才能更加深入地学习某一种知识技能。犹太父母经常对子女说：“虽然兴趣广泛很不错，但是如果想要达到很高的成就，你就要学会将自己的目光收回来，只看最感兴趣的那一个。”

怀疑比盲目信仰更值得肯定

犹太人认为，听话的“小绵羊”是无法创造奇迹的，因为他们不敢怀疑，也不会思考。他们常说，一个只会对大多数人的意见说“对”的人，是很难发现真理的。

一位犹太拉比曾说：“有什么人比知道真理但是又不敢说出来的人更可怜吗？”很多人害怕和“大多数人”作对，害怕反对“权威”，所以在学习知识的时候，他们总是亦步亦趋地按照“权威”说的去思考，完全没有自己的思想。

犹太人十分同情这样的人。在他们看来，这些人虽然可以避免和他人产生冲突，但是他们容易和真理擦肩而过，最终成为一个只会照着书本念诵的呆子。因此，犹太人从小就被教育要大胆怀疑。“怀疑错了没有关系，最重要的是你要敢于质疑。”这是犹太父母经常对子女说的一句话。

敢于怀疑的人更容易发现真理

犹太人信奉这样一句话：“真理往往隐藏在那些不需要怀疑的事情中。”在现实生活中，人们常常因为没有怀疑精神而无法发现真理。有些人喜欢说：“既然大家都认为这个事情没有问题，那我又何必要怀疑呢？”于是，这些人对大众观点产生了依赖，在评判一件事情之前，他们不会进行缜密的思考，而是会寻求他人的意见："大多数人怎么看这件事情呢？"然而，犹太人却深知，真理并不总是站在大多数人那边。很多时候，你只能用自己的眼睛看，用自己的大脑思考。

古希腊哲学家亚里士多德认为，物体下落的速度是不一样的，应该和物体的重量成正比。也就是说，越重的物体，下落的速度越快。在很长的一段时间里，人们将亚里士多德的这一学说奉为真理，当伽利略在学校学习时，他的老师也是这样告诉他的。

"我认为这个学说有问题，我相信他违背了自然规律。"年轻的伽利略提出了自己的质疑，但是没有人相信他。"那就是真理。"他的老师和朋友都这样对他说。经过慎重的考虑，伽利略决定亲自做一次实验。

他带了两个大小一样但是重量不一样的铁球来到比萨斜塔，对前来观看实验的人说："我相信它们会同时落地。"人群中立刻有人回答道："你一定是疯了，亚里士多德的学说是不会出现问题的！"然而，人们惊奇地发现，两个铁球平行下落，并且同时落到了草地上。人们惊讶极了，终于相信伽利略说的是真理。

从这个故事中不难发现，真理就像一个调皮又任性的仙子，她站在人群的对面，将自己打扮成不招人喜欢的模样，只有那些敢于怀疑而坚持自己主张的人，才能获得她的垂青。因此，犹太人常说："想要拥抱真理，你就要学会怀疑身边的一切。"

怀疑精神让我们充满智慧

犹太人信奉这样一句话："为了学习而学习的人是愚蠢的。"犹太人从小就被教育不要成为一个只会读书的呆子，学习不是为了让自己变成一个"图书馆"，而是通过不断丰富自己的知识，提高自己各方面的能力。因此，他们常说：“对善于学习的人来说，怀疑是必不可少的，只有这样他们才能更加深刻地理解知识。”

心理学家弗洛伊德是一个犹太人，他曾说：“因为我有犹太人的两个天性——怀疑和思考，所以我很少受到偏见的影响。作为一个犹太人，我经常怀疑‘大多数人’的意见。”犹太人之所以能够获得那么多成就，就是因为敢于怀疑，怀疑精神让犹太人充满智慧。

犹太人布朗独自一人来到美国打拼。他身无分文，也没有任何的工作经验，所以在找工作的时候碰了不少壁。最终，他在一家谷物公司找到了工作。他在谷物公司工作了两年，对业务十分熟悉。经过自己的观察，他发现公司的运送方法有问题。然而，当他将自己的想法告诉上司时，上司却不以为然地说：“不仅仅是我们公司，我们的同行都是这么做的，怎么会有问题呢？”

布朗依然坚持自己的看法，他的同事嘲笑他：“你不过是一个工作两年的新人，有什么资格对这些事情提出质疑？”后来，布朗离开了这个公司，自己创立了谷物公司，并按照自己的想法改进了运送方法。布朗通过自己改进的方法迅速站稳了脚跟，让自己的公司顺利地发展起来。

从这个故事中不难看出，有智慧的人在做一切事情的时候，都会抱着怀疑的态度看问题。犹太人经常说，即使面对权威，也要敢于质疑。因为有怀疑才能发现疑点，顺着这些疑点去追寻，才能发现正确的答案。

犹太人教子箴言

《塔木德》上说：“怀疑比盲目的信仰更值得肯定。”爱因斯坦也曾说：“犹太人的信仰就是对迷信的否定。”只有勇于质疑，我们才能激发思维能力，把真正的知识学到手。

处世智慧：知世故而不世故

生活在这个世界上是需要智慧的。你既不能像刚刚出生的婴儿一样，对这个世界一无所知，也不能像饿狼一样，时时刻刻准备咬断别人的脖子。正如你要真诚地对待朋友，既要站在朋友的立场上考虑问题，也不能轻信朋友，而应该先考察一下朋友。你若能明白这些道理，就能变成一个“知世故而不世故”的人，成为生活的强者。

说适量的语言，别让舌头操纵了心

犹太人认为，舌头是善恶之源，要管好自己的舌头，不随意揭发他人的隐私、不信谣传谣，才能获得别人的尊重。那些事业有成的犹太人常说："言多必失，让你活下去的秘诀就是小心地使用自己的舌头。"

"不会说话的人就像一根木头，毫无生气。""那些滔滔不绝的孩子才能得到别人的喜爱。""整天不停说话的人一定有很多朋友。"或许你经常听到类似的话，但我要告诉你，这些说法是错误的。因为在犹太人看来，能管住自己舌头的人比那些夸夸其谈的人更可贵，也更有可能获得成功。

《塔木德》中有这样一段话："若语言价值一个塞拉（编者注：以谷物为衡量价值的一种货币单位），那么沉默就价值两个塞拉。沉默对聪明的人有好处，对愚笨的人更有好处。"犹太人认为，虽然舌头没有骨头，但当你用它来伤害他人时，它比刀剑还要锋利。因为话一旦说出口，就像离弦的箭一样，再也无法收回了。

多听少说，慎重地对待自己的舌头

犹太人认为，人之所以有两个耳朵，一个嘴巴，就是为了让人多听少说。那些善于倾听的人总能得到别人的赞美，而那些喜欢夸夸其谈的人却容易招惹别人的厌烦。

犹太人有这样一句俗语：“当傻瓜哈哈大笑时，智者只会微微一笑。”其实，在看到他人的缺点时，智者的心中难道不会泛起一丝涟漪吗？当然不是。他们也会产生嘲笑他人的念头，只不过他们深信：随意地议论、嘲笑他人只会给自己带来灾祸。

有一个国王马上就要病死了。这时，医生告诉他，母狮子的奶可以让他活下来。国王问自己的随从：“谁能把母狮子的奶取回来？”一位随从站出来，说：“我愿意！只不过我要带上10只山羊。”

几天后，这位随从带着山羊上路了。他找到了一头正在喂奶的母狮子，将10只山羊送给了母狮子，成了母狮子的朋友。最后，他成功地取到了母狮子的奶。

在返回皇宫的路上，他睡了一觉，梦见自己身体的各个部分争吵了起来。他的腿说：“我的功劳最大，没有我，他就不能走近母狮子，也没办法取到奶。”手有些不服气，说：“没有我，他根本挤不了奶。”舌头说：“我才是最有用的，你们别争了。”身体的各部分一起嚷了起来：“你什么都没做，就别出来抢功劳了。”舌头“哼”了一声，说：“总有一天我会让你们知道我的重要性。”

这个人醒来后继续赶路，几天后，他回到了皇宫。他走进宫殿，得意扬扬地说：“这是我取回来的狗奶！”国王听后很生气，说：“我要的是狮子奶！把他拉下去吊死。”听到这句话，这个人身体的各个部分都开始颤抖。这时，舌头说：“如果我能救你们，你们会不会认同我是最重要的？”它们都答应了。

在被侍卫带下去前，这个人对国王说：“我没有骗你，有时候母狮子也被叫做母狗。”国王仔细一看随从带回来的奶，发现果真是狮子奶。国王很高兴，不仅宽恕了随从，还给了他丰厚的奖赏。

“你是最重要的。”看见这样的结局，身体各部分谦恭地对舌头说。

从这则犹太故事可知：言辞就像药，适量的言语可以一针见血，但是用量过多的话就会愈描愈黑。因此，犹太民族是世界上比较注重节舌少嘴的民族。

舌头是善恶之源

犹太人总是警惕自己的舌头，因为在他们看来，舌头是最神奇的事物。一两句真诚、恰当的话，可以帮助你化解多年的恩怨；而一句不恰当的话，则会毁掉多年的友谊。

犹太人常说：“你身上最宝贵的，莫过于你的舌头。若你能像对待珍宝一样对待它，那它便能发出璀璨的光芒，让你成为如同珍宝一样的人。反之，要是你不清楚它的重要性，随意地使用它，那它便成为潘多拉的宝盒，能释放出所有的邪恶。”

有一天，一位犹太人对他的仆人说：“到市场给我买最好的东西回来。”过了没多久，仆人回来了，带回了一个舌头。犹太人又对仆人说：“这次你到市场给我买最坏的东西回来。”仆人去了，又带回来一个舌头。

这位犹太人迷惑地问仆人：“为什么我说‘最好的东西’时，你带回来一个舌头；我说‘最坏东西’时，你还是带回来一个舌头？”仆人回答道：“舌头是善恶之源。当它好的时候，没有什么东西比它更好了；当它坏的时候，也没有什么东西比它更坏了。”

舌头是善恶之源，它既可以成为能拯救大众的天使，又可以成为能毁灭万物的恶魔。至于它会呈现什么样的形态，还得靠你来确定。若你经常用它来赞美别人，说让人感到温暖的话，那它就是天使；反之，若你用它来嘲笑他人、说人是非，那它就是恶魔。正如我们常说：“能管住自己舌头的人，一定能管住自己的心。”

不盲目跟风，正确对待谣言

有人的地方就有是非，或许是两个好朋友反目成仇，或许是恩爱夫妻大吵了一架。有的人很喜欢讨论、传播小道消息，他们甚至将闲聊别人的八卦当成交流感情的一种方式。然而我要告诉你，这样的做法是错误的。犹太人十分厌恶信谣、传谣的人。在他们看来，如果你给别人编造谣言并传播，风会将谣言吹的到处都是，到时候不是你想收回就可收回的。

一个犹太青年特别喜欢造谣。因为他实在太过分了，终于有一天，大家到拉比那里去控诉他的行为。拉比在仔细倾听了之后，说："你们先回去吧。"然后拉比派人去找多嘴的青年来，问他："你为什么喜欢造谣？"多嘴的青年说："我并不是真的想造谣，只是夸大了事实而已。不过我可能是真的太多嘴了，朋友都批评我了，但我不知道应该如何改掉这个毛病啊。"

"好吧！让我们来想一想，看有没有什么好的解决办法。"拉比想了想后，走出房间，拿回一个装了羽毛的大袋子，对青年说，"你一边往家里走，一边把羽毛丢在路边。回到家之后，你再把这些羽毛收回去。"青年点点头，接过了袋子。没过多久，他又来到拉比家，苦恼地说："我照您的吩咐做了，可是根本收不回几根羽毛，因为风已经把它们吹得到处都是了。"拉比点了点头，说："闲言碎语就像羽毛一样，一旦被风吹走，就很难收回。"青年恍然大悟，从此改掉了编造谣言的坏习惯。

从这则犹太故事可知：编造和传播谣言很简单，但收回谣言却很困难。谣言不仅仅会伤害别人，还会破坏你的形象，让越来越多的人讨厌你。因此，谨记《塔木德》中的这句话："遇到鬼时，你一定会撒腿就跑；那么遇到小道消息时，也请你快速地逃开。"

犹太人教子箴言

犹太人经常这样教育孩子：“要管好你的舌头。用闲言碎语中伤别人，对你而言是没什么好处的，只会让越来越多的朋友离你而去。你要学会的，是让心操纵舌头，而不是让舌头操纵心。”

正确地选择朋友，莫让“跳蚤”上身

犹太人很重视朋友，在他们看来，朋友值得付出所有的真心和诚心。然而，犹太人在结交朋友时也是有选择的。因为他们认为：愚蠢的伙伴，比敌人还危险。

犹太民族是一个喜欢结交朋友的民族。在结交朋友时，犹太人不会在意他们的年龄、肤色、性别、家世背景，只在意这个人是否足够诚恳。你可能会发现，犹太人很容易和其他民族的人打成一片，因为他们从不因固有偏见而否定别人。一旦将对方看作朋友，犹太人就会对他付出自己所有的真心和诚意。

然而，这是否就意味着犹太人在结交朋友时不用做任何的挑选？当然不是。犹太人的教义是：结交朋友时应该带着诚心，但是这份诚心应该给你真正的朋友——那些不会在你最困难的时候离开你的朋友。如果你没有记住这一点，那么在交朋友的过程中，你可能会遇到很多麻烦，而这些麻烦大多是由那些愚蠢的伙伴带给你的。

学会剔除不能共患难的“朋友”

犹太人将朋友分为三类：第一类是那种像面包一样的朋友，他们在你的生命中不可或缺；第二类是像蔬菜和水果一样的朋友，他们虽然只起点缀作用，但是依旧能给你的生命带来养分；第三类则是那些看上去像你的朋友，可是一遇到紧急情况就会远离你的人。

因此，犹太人将朋友分得清清楚楚：哪些朋友会在你遇到困难的时候落井下石，不仅不来帮助你，还跳出来指责、谩骂你；哪些朋友会坚定不移地站在你身边，不会因为一点私利而将朋友的情谊抛开。犹太人从不因自己有很多朋友而沾沾自喜，因为或许你有一百位朋友，但当你在需要帮助的时候，也许只有一个朋友愿意出来救你。

一个犹太哲学家在病重之际，问自己的孩子："我的孩子，你有多少个朋友？"孩子骄傲地说："我足足有一百位朋友。"哲学家叹了一口气，说："我自认为不是个愚蠢的人，生活阅历也很丰富，可是回顾我的一生，只有一个人算得上是我的朋友。你的回答太过草率，我建议你去试一试你的朋友，看看他们是不是真正的朋友。"孩子答应了。哲学家又说："现在，你穿上最破烂的衣服，让自己看上去脏兮兮的，最好打扮成一个乞丐，去朋友家向他借一笔巨款。"

孩子采纳了父亲的建议，装扮成乞丐的样子去向朋友借钱。他来到第一个朋友家，却吃了闭门羹，之后他去找第二个、第三个……可是每个人都将他拦在了家门外。他回到家，沮丧地对父亲讲述了自己的遭遇。

哲学家说："很多人都是这样，在你风生水起之时，他们围在你身边，而当你落魄时，他们便消失得无影无踪。现在，你去找我的那位朋友，看看他愿不愿意借钱给你。"孩子穿着破烂的衣服去找父亲的朋友，没想到父亲的朋友非常爽快地同意借钱给他。这时，孩子才知道，自己虽然有一百位朋友，但没有一个是真朋友。

从这个故事中不难发现，朋友在精不在多。如果你结交不到真正的朋友，那么就算你的朋友再多，你也不会从他们那里得到任何的养分，也许他们还会拖累你。

与污秽者为伍，自己也得污秽

犹太人有这样一句话："与污秽者为伍，自己也得污秽；与洁净者相伴，自己也得洁净。"在犹太人看来，一个人选择了怎么样的朋友，就等于为自己选择了怎么样的道路。选择一个智慧、善良的人为友，你就可能变得如这位朋友一样受人尊敬；选择一个粗鲁的、邪恶的人为友，你也会变得令人讨厌。

有一个犹太小孩，他从小就很聪明——在同龄人中，他是最早学会说话的那一个；进入学校之后，他不需要太努力就能取得不错的分数。他是其他孩子的榜样，几乎人人都想成为他的朋友。

然而，在他看来，并不是每个人都有资格成为他的朋友。"最聪明的那个人才配当我的朋友。"他总是这样说。有一天，班上来了一个转校生。这个转校生去过很多地方，阅历丰富。在和转校生聊过几句后，犹太小孩开心地说："我们做朋友吧！"然而，转校生虽然看上去很智慧，却不是个喜欢学习的人，他经常逃课，还鼓动犹太小孩一起逃课。

起初，犹太小孩还有些不乐意，不过转校生经常对他说："逃课只是为了探索大千世界。"久而久之，他便动心了。在尝到逃课出去玩的甜头之后，犹太小孩越来越讨厌去学校，他经常说："我这么聪明，即使不去学校也能学好。"当然，这句话也是转校生告诉他的。

没过多久，转校生离开了这所学校。没了伙伴，犹太小孩也安分了很多。但是他很快就发现自己已经跟不上学校的学习进度，而曾经围绕在他身边的同学也和他疏远了。他很迷惑，便去问自己的父亲。父亲说："你和行为不端的人交往，自然也会变成那种让人讨厌的人。"犹太小孩恍然大悟，之后改正了自己的行为。

从这个故事中不难发现：与品行不端的人交往，无异于将自己引向了一条充满荆棘的道路。等你意识到坏朋友的危害时，或许你已经站在了悬崖峭壁的边缘。因此，犹太人常说："好友就像面包，不可或缺；而与那些坏朋友交往，如同与狗玩耍，会有跳蚤上身。”

忠诚的朋友是可靠的避难所

犹太人认为：当你认识一个朋友时，不要急着将他列入好朋友之列，应该先考察他。这样做不是虚伪，也不是世故，他们只希望找到一个真正的朋友。犹太人常说，一个忠诚的朋友是一个安全的避难所，比财宝更可贵。

有个商人有10个孩子，他计划自己去世前给他们每人100第纳尔。然而，等他奄奄一息时，他只剩下950第纳尔。他将最小的孩子叫了过来，说：“我给了你的哥哥们每人100第纳尔，如今我只剩50第纳尔了，我还得留出30第纳尔作为丧葬费，所以你只能得到20第纳尔。为了弥补你，我决定把我的朋友介绍给你，他们比第纳尔还珍贵。”他把小孩子介绍给最信任的朋友们，不久就死去了。

小孩子慢慢地花父亲留下来的钱，当他只剩最后一个第纳尔时，他想起来父亲的朋友们，决定用最后一个第纳尔请他们美餐一顿。父亲的朋友很感动，纷纷说：“我们应该报答他的好意。”

于是，他们一人给了他一只怀孕的母牛和一点钱。不久之后，母牛产下了牛犊，他卖了小牛，用换来的钱做生意。最后，他的财富比他的父亲还要多。

真正的朋友总是能在你最需要的时候出现，帮助你走出当下的困境。若能遇到这样的朋友，我们一定要用真心诚意对待他们，不能只享受他们对我们的关心，还要在他们有困难时伸出自己的援手。

犹太人教子箴言

犹太人常说，在前进中给你指明方向的人，就是你真正的朋友，谁能找到这样一个朋友，谁就找到了财宝。

不要嫌贫爱富，学会尊重穷人

在犹太人看来，贫穷并不意味着可悲可耻，贫穷的人也应该得到人们的尊重。犹太人常说：“不要瞧不起穷人，因为有很多穷人是非常有学问的。”

《塔木德》上说：“不要鄙视任何人，每一个人都有自己的位置，都可以创造奇迹。”在犹太社会中，贫穷并不是一件可耻的事情，那些出身贫寒的人一样会得到人们的尊重。犹太人常说：“一个腹内空空的富家子弟，永远比不上一个喜欢读书的穷人。”

犹太穷人在遇到富翁时从来不会自卑，因为他们清楚，出身富贵的人不一定有学问。在犹太历史中，有很多被人们敬仰的拉比，他们出身都很卑微，如拉比希雷尔就是木匠。犹太人有这样一句谚语：“穷人的衬衫中藏着智慧的珍珠，所以永远都不要轻视穷人。”

珍贵的东西不一定装在精美的容器中

在现代社会中，有的人非常在意出身。如果自己来自大城市，他就会时不时地向朋友和同事炫耀这一点；如果自己出身农村，他就会千方百计地隐藏这一事实，生怕别人说他是“凤凰男”或“凤凰女”。在结交朋友或者选择伴侣时，他也将“出身”当作标尺：若对方是“富二代”，便可以得到他的“真心”；若对方来此贫穷的小乡村，就很难得到他的青睐。

犹太人十分厌恶这种人。在他们看来，门庭出身并不重要，勤劳和智慧才是成功的秘诀。在与人交往时，犹太人很少会出现趋炎附势的行为，因为他们深知：珍贵的东西不一定装在精美的容器中。

拉比约书亚是一个博学的智者。但是他并不完美，因为他长得不尽如人意。

有一天，哈德良皇帝的女儿对约书亚说："像你这么丑陋的人，又怎么会有那么多智慧呢？"约书亚没有回答，反而问了一个毫不相关的问题："在你父亲的宫殿中，葡萄酒一般被装在什么样的容器中？"

公主回答道："陶罐里。"约书亚又说："这可不符合您的身份，要知道，只有普通老百姓才会把葡萄酒装在陶罐中。您应该将葡萄酒装在金银器皿中。"

公主觉得很有道理，回到宫殿后就命人将葡萄酒装进了金罐和银罐中。然而，没多久，葡萄酒就变了味。

公主大怒，跑来质问约书亚："你为什么要捉弄我？如今我的葡萄酒都变得淡而无味了！"

约书亚平静地说："我只是想告诉您，有些时候，珍贵的东西必须装在普通的容器中，这样才能更好地保存它。"

公主问："难道没有既出身好又博学的人吗？"约书亚回答："当然有。但是如果一个人出身卑微，那么他的学问可能会更大。"

贫穷并不等同于无知。有些时候，出身不好的人的进取精神更强，他们能获得更多的知识，取得更大的成就。

因此，我们应该记住，那些从小锦衣玉食的人未必能有一番作为，而那些从小就忍饥挨饿的人也不一定是生活的失败者。诚然，出身好的人也能获得成功，但是他们靠的并不是社会地位，而是自身的才华。

学会设身处地的体会穷人的感受

在犹太人居住区中，总会有一个或几个乞丐。这些在其他国家或地区遭受白眼的乞丐，在这儿却能得到善意的施舍。犹太人常说，乞丐也是一种正当职业，他们获得了神的允许，所以人们应该救助他们。

犹太人从来不会鄙视穷人。在他们看来，每个人都会面临困境，也许这个人满怀才华和希望，只是一时被贫穷限制住了。犹太人对穷人的态度到底是什么呢？这里有个故事：

在安息日前夜，有一个虔诚的人开始为安息日的食物做准备。这时，他突然想起一件重要的事情还没有办，便急急忙忙离开了家。好不容易办完了事，他又急忙往家里赶。在回家的路上，他遇到了一个穷人，穷人对他说："好心人，您能不能给我一点钱，让我购买安息日所需的食物？"

这个人愤怒地对穷人说："马上就要到安息日了，你怎么能在最后一刻才准备食物呢？你一定是个骗子。"

回家后，他将自己的遭遇告诉了妻子。妻子说："我想告诉你，你的做法是错误的。也许你从未体会过贫穷的滋味，但是你别忘了，我就是在穷苦人家长大的。我常常回忆，在安息日前一天的傍晚，那时天几乎全黑了，我的父亲依旧四处奔走，为我们寻找食物，哪怕只能找到一小块面包！我想，你对那个穷人有罪。"

虔诚的人这才发现自己的错误，马上出门寻找那个穷人，发现那个人还在四处寻找食物。于是，虔诚的人给了穷人面包和肉，并且请求他宽恕自己。

犹太人不认为富有就意味着自己可以"高人一等"，他们从未将对穷人的救助当作一种廉价的施舍。犹太人尊重穷人，就像尊重自己的朋友、家人一般。因此，我们应该知道，同情穷人是很容易的事情，帮助他们也不难，但是只有这些是不够的，我们还要学会设身处地的体会他们的感受，不要嘲笑他们的"吝啬"与落魄，要尊重他们的人格。

强弱不是绝对的，穷人也能成功

很多时候，人们之所以鄙视穷人，是因为他们认为"贫穷"就代表着"失败"。"没有钱，你能干些什么呢？"在说到穷人对这个世界的贡献时，有些人不屑一顾地说。然而，在犹太人看来，这样的观点很可笑。因为他们认为，金钱不能解决所有的问题，但是智慧却可以，包括上演"青蛙变王子"的戏码。犹太人常说：“强弱不是绝对的，穷人也能成为大富翁。”

亿万富翁贺希哈是美国的股票大亨，在提到这位“股神”时，没有人不会竖起大拇指，然后说一句：“他就是一个奇迹。”

的确，他就是传奇。贺希哈出生于贫民窟，那时，虽然他有名字，但是别人最喜欢称呼他为“穷鬼”。因为家庭贫穷，他没有机会上学。“这样的孩子，最多成为一个苦力。”在提到他的未来时，邻居总会这样说。

因此，当他告诉人们，自己要成为一个股票经理人时，没有人对他说：“你一定能成功！”几乎人人都对他说：“别做梦了！你没有学过一点金融知识，像你这样的穷人会被股市吞噬的。”

不过他没有将别人的“预言”放在心上。虽然他也失败过，但是他越挫越勇，终于在股市中闯出了自己的一片天地。更可贵的是，即使已经成了大富翁，他也从未忘记过那个贫穷的自己。他一直将资助贫民窟的孩子当作自己的责任，还向盲人医院和残疾人学校捐款，希望更多的孩子能够得到教育。他经常开着那辆黑色的林肯轿车，驶入贫民窟、孤儿院、盲人医院，将捐款带给那些有需要的人。

对有智慧、有勇气的人来说，贫穷和落魄都是暂时的，他们能够通过努力，创造一个属于自己的传奇。

因此，我们在与穷人交往时，不要抱着和“失败者”交往的念头。也许，你对面的这个人，就是另一个“贺希哈”呢？

犹太人教子箴言

一位犹太拉比在教导学生时说：“不要因为自己富有而变得傲慢无礼。如果你仔细观察，你就会发现，富人不一定快乐，穷人也不一定绝望。”

适当示弱：懂得暴露自己的弱点

在犹太人看来，与他人争个你死我活是一件十分愚蠢的事情。他们常说："与其时时刻刻展现自己的优点，不如适当地暴露自己的弱点，这样也许会取得更理想的效果。"

虽然犹太人在很多人眼中都是"聪明""精明"的，但是在遇到成功的犹太商人时，世人却会产生一种"他很笨"的错觉。在看到这些犹太商人身上显而易见的缺点时，人们甚至会忘了眼前之人是一个创造传奇的商业巨子。

这就是犹太人的处世智慧。人们很难从他们口中听到"我是最聪明的"之类的话，因为在犹太人看来，这句话有挑衅的意味，这等于在说："我比你聪明。"这样的表达会让对方产生厌恶之情，不利于沟通和交流。如果遇到一个不服输的人，这种话甚至会引发一场冲突。因此，犹太人常说："懂得暴露自己弱点的人才是真正的聪明人，他们能以此赢得社交方面的优势。"

智者总有一幅愚人的外表

一位犹太拉比曾说："智者总有一幅愚人的外表。"这是说，真正有智慧的人，不会为了让他人承认"你是最棒的"而和对方吵得面红耳赤。相反，虽然他们有获胜的能力，但是不会在无关紧要的争执上浪费时间。

有一次，林肯发现一个正在和他人激烈争吵的青年军官。他将这个军官叫到一旁，告诉他，任何决心做出一番事业的人，都不会在私人争执上浪费太多时间，因为争执的后果不是他能承担得起的。

然而，军官却没有将这些忠告听进去，气冲冲地说："我明明没有错，他就像一条癞皮狗一样横在路上，难道我也要忍让吗？"

林肯没有直接回答，反而先说了一个故事：

有两只羊在同一时间从不同的方向踏上了独木桥，它们在桥中心相遇了。其中一只羊说："兄弟，你赶快让开吧，让我先过。"另一只羊很不服气，说："凭什么我让，你没发现我的块头比你的大吗？要是争执起来，你一定会掉进河里的。不如现在快点认输，免得丢了小命。"

两只羊彼此相争互不让步，最后，在激烈的角逐中，它们一起掉进了湍急的河流中，命丧黄泉。

说完这个故事后，林肯对军官说："即使你是对的，与他人争执也没有任何好处。与其和狗抢道，最后让它咬一口，不如先放它过去。因为就算你赢了，也不能让你的伤口立刻痊愈。"

适当示弱不是懦弱，而是一种智慧，可以让我们从琐碎的烦恼中抽出身来，去做更有意义的事情。同时，这样做还能让人际关系更和谐。比如：拿破仑喜欢和情人约瑟芬打台球，但是经常输给约瑟芬。对此，拿破仑曾说："虽然我的技术不错，但是我总是故意输给她，因为这样做会让她高兴。"可见，真正的聪明人从不会刻意地展现自己"聪明"的一面，但是他的智慧已经渗透进生活的方方面面，能让他和他身边的人生活得更好。

适当示弱能让沟通更加顺畅

证明"我很棒"是一件很容易的事情，因为你只要不停地表现出自己的优点就可以了。相反，说"我不好"却很难，因为在很多人看来，这是承认自己失败的表现。然而，犹太人却不这么想。犹太人认为，当你和他人产生矛盾时，与其执着地改变对方的观点，不如顺从对方的意见，这样也许能得到更理想的结果。

爱尔兰人欧·哈里是一名卡车推销员，他听过卡耐基的课，想从中找到成功的秘诀。然而，即使他将卡耐基的理论都背了下来，他的业绩还是不尽如人意。有一天，他找到卡耐基，向他求教。

卡耐基问："你是如何向客户推销卡车的？" 欧·哈里回答："我有个毛病，就是喜欢和别人抬杠。如果别人说我的卡车不好，我就会毫不客气地与对方争执。走出这些人的办公室之后，我会对自己说：'总算出了一口恶气！'然而，虽然我出了气，但是我也没有将卡车卖给他们。"

卡耐基对欧·哈里说："你的问题不在于谈话技巧，而在于自制，你应该学习如何示弱。"

一段时间后，欧·哈里找到卡耐基，兴冲冲地对他说："我按照你的方法去做，果真取得了不错的效果。当客户对我说'什么，你卖的是怀德卡车？我要的是何赛卡车，它比怀德卡车好太多了'时，我会说：'何赛卡车的确不错，您的眼光很好。'一旦我同意了他们的观点，他们就不会再喋喋不休地说何塞卡车，而我也能开始介绍怀德卡车的优点了。"

从这个故事中不难发现，适当示弱其实是一种沟通技巧，它能缓解对方的防御心理，让我们更好地与对方交流。

因此，当你和他人沟通时，与其不停地阐述自己的观点，或气势汹汹地和对方辩论，不如适当示弱，暂时顺从对方的意见，之后再说出自己的观点。因为抬杠对沟通没有任何益处，它只会浪费你的时间。

示弱能消除对方的抵触情绪

犹太人常说："成功的人应该多和人们说一说失败的地方，让别人知道成功不易；地位高的人应该多说一说现实的烦恼，尽量表现出自己笨拙的一面，让别人知道你也是一个普通人。"

犹太人认为，想要别人对自己产生好感，就不能端着架子。试想，一个完美无缺的商人，和一个经常迷路、运动神经不发达的商业精英，哪一个更有亲近感？犹太人深知十全十美会给人带来压迫感，所以他们会将某些无关痛痒的缺点巧妙地暴露在他人面前，消除对方的抵触情绪。

有一位记者要去采访一位犹太富翁。他听说犹太富翁是一个精明能干的人，而他想挖一点有关于这位犹太富翁的丑闻，所以他抱着十分的警惕心来到了犹太富翁的居所。

但是记者马上发现这位富翁是个平易近人的人。富翁待人温和有礼，亲切地让他坐在自己身边。很快，仆人为两人端上了咖啡。富翁喝了一口，立刻大叫："太烫了！"咖啡杯随之被打翻。之后，仆人又递上了烟，记者发现富翁将烟拿反了，赶紧提醒："先生，您将香烟拿反了。"富翁慌慌张张地将香烟拿正，却不小心打翻了烟灰缸。

看到富翁出了这么多洋相，记者不仅很意外，还在不知不觉中对富翁产生了一种亲近感。记者想："原来他也是个平凡人啊。"之后的采访十分顺利，而记者也将挖掘富翁丑闻的事情抛在了脑后。

其实，这些都是富翁故意安排的，目的是为了让记者在采访自己的时候放轻松，消除抵触情绪，不要把自己当作敌人。

从这个故事中不难发现，适当示弱并不是让自己变成一个傻瓜或一个需要别人关照的弱者，而是让自己走下"神坛"，成为一个有血有肉的普通人，让别人对自己产生亲近感和好感。

犹太人教子箴言

一位犹太拉比曾说："相比伸长脖子，缩起脖子更加难得。"犹太父母也经常对子女说："适当示弱是一种高明的交际策略，能让我们轻易地获得他人的好感。"

行动服从理智，切勿感情用事

要理性地看待这个世界，切勿感情用事，这是犹太人的思维模式。在他们看来，世界上有很多麻烦，是人们自找的。只有放下感情的包袱，客观地、理智地分析处理问题，才能看清这个世界的本来面目。

在我们的生活中，常常会出现这样的事情：两个感情很好的朋友大吵了一架，虽然他们俩都知道彼此之间存在误会，但是却无法冷静地处理这些误会，结果误会越来越深，最后使友谊破裂。

因此，我们需要知道：在遇到事情的时候，我们要沉着冷静，仔细研究后再判断正误，不要带任何的感情色彩。若仔细观察身边的人，我们就会发现，那些聪明人在应对生活中的困难和问题时，会考虑周全之后再去处理问题；而那些愚蠢的人，一遇到问题就暴跳如雷或沮丧不安，结果问题如滚雪球般越滚越大，最后一发不可收拾。因而犹太人经常说："不感情用事的人，才是真正的聪明人。"

会理性思考的人才是聪明人

犹太人认为，感情用事是犯错误的开始。《塔木德》上说："思考时请感情离开，你需要的是理智。"那么，这是否意味着我们不需要感情、不重视感情呢？当然不是。在犹太人看来，感情是非常重要的，《塔木德》中有一句十分优美的话："心满了的时候，就会从眼睛溢出来。"犹太人的教义是：在需要感性思考的时候，我们要去感受他人的情绪，并向他人表达出自己的感受；在需要理性思考的时候，我们就要冷静地思考和分析问题。

有一个小男孩非常有爱心。看见别人摔倒了，他总会冲上去将别人扶起来；当家里的小狗生病时，他认真地照顾小狗，还会给小狗讲故事。有一天，他在门前发现了一只受伤的小鸟。“这只小鸟好可怜，让我来帮助它。”小男孩将小鸟抱在胸前。

在男孩给小鸟包扎好伤口后，男孩的爸爸走了过来，说：“你可以养它一段时间，等它的伤口痊愈。不过你一定要把它放了，因为它要回自己的故乡。”小男孩反驳道：“可是外面这么冷，它怎么找到故乡？当我发现它的时候，它还在发抖呢。”小男孩将小鸟留了下来。小鸟却不想留在这里，痊愈之后就一直想要飞出去。

有一次，小鸟不小心撞到了玻璃门上，死了。小男孩很伤心，不知道自己做错了什么。男孩的爸爸对他说：“我知道你是好意，我也能看出小鸟很喜欢你。然而，你忽视了小鸟的本能——回家，即使你们的感情很好，你也不能强迫它留下来。”小男孩听后恍然大悟，明白了自己的错误。

从这个故事中不难看出理性思考的重要性。虽然犹太人也认为感情很重要，如父母对子女的关爱、兄弟之间的情谊等，但是在他们看来，若只会感情用事，不仅不能正确地处理事情，还会引发新的问题。

在需要你表达自己感情的场合，你可以感性地思考问题。比如，在和恋人散步时，你可以将自己的感情调动起来，让对方明白你此刻的感受。而在遇到问题时，你应该理性地思考问题。比如，你不小心在公交车上踩了别人一脚，被踩的人狠狠地骂了你。此时，你应该压抑住自己的愤怒，冷静地思考应该如何解决，而不是骂回去，让矛盾升级。

不要把感情带到生意中

作为优秀商人的代表，犹太人从不将自己的感情带到生意中。在经营公司时，如果这个公司连续几个月都没有盈利，而且也能判断出之后的几个月甚至几年也没有获利的可能，那么他们就会毫不犹豫地放弃这个公司。也许有些人会说："这是你的公司，你为之付出了那么多心血，难道不会觉得难过吗？"然而，犹太人只会轻松一笑，说："只不过是一个公司而已，又不是自己的情人，有什么好留恋的？"

此外，在谈判桌上，犹太人是冷静理智的，甚至有人说他们是"永远不会动怒的机器"。然而，他们做的一切只是为了确保生意能顺利进行。

一次，有一个印度人和犹太人做生意。要知道，犹太人是最重视誓约的，结果印度人违约了。在与犹太人会谈之前，印度人十分紧张，他想了各种各样的理由，并且做好了被犹太人痛骂一顿的准备。没想到，印度人刚解释了几句，犹太人就说："哦，你违反了我们的契约。按照合同，你应该赔偿我们的损失，具体是……"印度人很奇怪，说："你不生气吗？"犹太人笑着说："即使现在愤怒地谴责你，又有什么意义呢？"

在犹太人看来，生意人应该是绝对的理性主义者。当与生意伙伴产生冲突时，也要保持冷静，因为既然事情已经发生了，再去谴责对方也没有用，只有尽快地弥补自己的损失才最重要。

犹太人教子箴言

犹太人认为，凡是经不起时间的考验、过了一段时间就会失去价值的东西，都不珍贵，而大多数感情就属于这种经不起时间考验的东西。你若足够聪明，就不要感情用事，应该理性对待这个世界。

喜欢嘲笑别人的人往往难成大器

嘲笑别人的无知，其实就是在暴露自己的无知。这是犹太父母经常对子女说的一句话。在犹太人看来，嘲笑别人其实就是在讽刺自己，而喜欢嘲笑别人的人，往往难以成大事。

“看，那个男孩长得真矮。”“我跑得比你快，你真没用，是个小短腿。”“那个男孩真胖，我们以后就叫他‘小胖墩’吧。”“你怎么连这么简单的题都不会做？真笨！”在生活中，你是否经常听到这种话？或许你自己曾经说过这样的话，甚至认为这种“玩笑”无伤大雅。现在，我要告诉你：嘲笑别人是一种非常不礼貌的行为，那只会暴露你的无知和浅薄，让别人对你越来越厌恶。

嘲笑别人的原因有很多。或许是因为想要融入一个新集体，所以去嘲笑他们的“敌人”；又或许想通过嘲笑他人获得一种优越感，产生一种“我比他好”的错觉。然而，你却没有发现，当你嘲笑他人时，其他人也会发现你的无知，你也很难通过嘲笑他人获得优越感。犹太人常说：“嘲笑他人，或许可以将你从自卑的泥沼中拯救出来，却将你推进了自负的深渊中。”

不要轻易嘲笑别人的缺点

没有人是完美的。也许你的朋友可以写出一篇美文，却不擅长长跑；而你十分擅长体育，却不会写作文。既然大家都有缺点，那你又有什么资格去嘲笑别人呢？正如一首诗中所说：“我们嘲笑笼中鸟，却没有发现自己的心也如笼中鸟一样，被困在俗世的牢笼中；我们嘲笑被链子拴住的狗，却没有发现我们的心也被锁链拴住了；我们嘲笑井底之蛙，却没有想到自己也从未看过完整的天空。”

一棵无花果树枝头结满了青青的果子，当别人路过它时，总要赞叹一句：“好美的树！”有一天，无花果树发现一棵大树挡住了它的阳光，而这棵树上一个果子也没有。无花果树愤怒地说："你是谁？为什么要挡住我的阳光？""我是一棵老榆树。"那棵大树回答道。无花果树生气地说："你一个果子都没有，还敢站到我的前面。等我的果子成熟之后，我的孩子会变成一棵棵大树，而你永远都是一个'秃头'。"

不久之后，无花果树的青果子成熟了，这时，一队士兵从这儿路过。看到果实累累的无花果树，他们开心极了，马上爬上树去摘果子。不一会儿，无花果树的果子被摘完了，树枝也被踩断了，无花果树只剩下光秃秃的树干。

当松鼠从这棵无花果树面前经过时，笑嘻嘻地说："看，那里有个'秃头'！"无花果树有苦说不出，他终于品尝到了被人嘲笑的滋味。

从这个故事可以看出，嘲笑别人的人，终有一天会成为别人嘲笑的对象。犹太人认为，嘲笑他人，虽然能够给你带来短暂的快乐，但是这就像饮鸩止渴，最终让你成为一个被大家厌恶的人。

很多人称赞犹太民族是一个"聪明的民族"，其实，没有人生来就比其他人聪明，犹太人之所以能得到"智慧"的头衔，就是因为在别人嘲笑他人缺点时，他们在学习那个人的优点。这样做，不仅能让我们增长智慧，还能让我们收获一个朋友。

"愚者"比"智者"更难得

在嘲笑者的眼中，被嘲笑者是可笑的、愚蠢的，而自己是机警的、智慧的。然而，在犹太人看来，世上的"聪明人"千千万万，"愚蠢"的人反而更难得。犹太人认为，不去思考如何展示自己的聪明，而去发现自己的缺点进而改正的人，才是真正的聪明人。

美国第九任总统威廉·亨利·哈里森从小就是十分聪明的孩子。然而，在他的邻居们眼中，这个羞涩内向的小男孩却是一个"傻子"。邻居们经常捉弄他：他们把5美分和1角的硬币同时扔到威廉面前，然后让他选择一个。小威廉总是捡起那枚价值5美分的硬币。“真笨！”捉弄完威廉后，他们总会这样说。

有一天，一位老奶奶把小威廉拉到一边，对他说：“你要捡另外一枚硬币，那一枚更值钱。”没想到，小威廉却笑着说：“我知道1角比5分值钱。不过，如果我捡了那个1角的硬币，下次他们就不会扔钱给我了。”

在这个故事中，那些看似聪明的嘲笑者并不知道自己才是那个被别人嘲笑的人。犹太人从不去做这样的傻子，因为他们知道，经常嘲笑他人、看不到自己缺点的人，才会被命运捉弄。

认真体会被嘲笑的痛苦

有很多人说，和犹太人交谈、交往时，会有一种如沐春风的感觉。这大概是因为犹太人经常会站在别人的角度考虑问题，减少别人的麻烦。也正是因为这个原因，他们才不去嘲笑别人。

有一个男孩特别喜欢嘲笑别人。看见同学摔了一跤，他会笑着说：“四肢不健全，真可笑！”老师说话有点口音，他就给老师取了很多难听的外号。有一次，他在街上看到一个残疾人在唱歌，就大声地对同学说：“你们看，有个瘸子在唱歌！”同学们都觉得他做得太过分了，纷纷对他说：“请你不要再说了，这样很没有礼貌。”但是这个男孩毫不在意，不服气地说：“我只是说了事实，有错吗？”

一次，这个男孩因为踢球摔伤了腿，只能拄着拐杖上学。在学校里，他的同桌笑着对他说：“哈哈，我的同桌变成瘸子了。”男孩很生气，说：“你说什么？这也太没有礼貌了。”同桌却满不在乎地回答道：“这有什么，我只是说了事实。”听到这似曾相识的回答，男孩呆住了，一时间竟不知道说什么才好。

这时，另一个同学站了出来，对男孩的同桌说：“上次你不是也弄伤了眼睛，那我叫你‘瞎子’好不好？”同桌愣住了，红着脸给男孩道了歉。通过这次事情，男孩终于意识到了自己的错误，发现原来嘲笑他人会给别人带来这么大的伤害。此后，当他想开玩笑时，就会想一想如果换成自己，是否觉得这个玩笑有趣，就这样，男孩慢慢改掉了嘲笑他人的坏习惯。

只要你能站在他人的角度上考虑问题，就会发现在你看来微不足道的嘲笑，会给他人带来难以想象的伤害。因此，即使对方看上去很愚蠢，犹太人也不会去嘲笑他。这不仅仅是对他人的尊重，也是对自己的尊重——我们不需要靠伤害他人来维持自己的自信。

犹太人教子箴言

不去嘲笑他人，其实也是在尊重自己。一个喜欢嘲笑别人的人，往往是一个素质和品德低下的人。如果今天你嘲笑了他人，那么明天被嘲笑的可能就是你自己。一个真正的聪明人从不轻易嘲笑他人，他只会通过学习别人的长处来弥补自己的短处。

第四章 品德高尚：在心里播下美德的种子

相比强大的能力，高尚的品德更加重要。“一个向世人炫耀自己知识的贤者，还不如一个普通人。”“谁是最强大的人？化敌为友的人。”“爱你的邻人，你的邻人也会爱你。”犹太父母经常拿这些记载在《塔木德》中的名言教育子女，因为犹太人认为，高尚的品德才是他们的立足之本。

保持谦虚谨慎的作风，才能不断进步

犹太人认为，当一个人骄傲自满时，就会失去所有的成就。因此，他们虽然不认为自大是一种罪恶，但是认为它是一种愚昧。犹太人常说，一个人若想取得成功，就必须学会谦虚。

犹太人十分重视谦虚这种品质。《塔木德》上说："就算是一个贤者，如果他向世人炫耀自己的才华，那么他的成就还不如一个普通人。"犹太人认为，一个既能看到自己的成就，又能明白无论自己取得了多大的成就，都不应该自我夸赞的人，才是值得学习和尊重的。

在犹太人看来，即使一个人取得了很大的成就，但是相比前人的成就来说，他也不过是一个站在巨人肩膀上的幸运儿。因此，当他们取得成就时，总会谦虚地说，自己只是一个在海边玩耍的孩子，只不过幸运地捡到了几个漂亮的贝壳而已。

自大的人往往自以为谦虚

犹太人在告诉别人不能自大时，经常会引用《创世纪》做比喻：在创造这个世界的时候，神是按照一定的顺序的。他先创造了光明和黑暗；再将天空和地面分割开来，将地面划分为水、陆；之后开始创造各种各样的禽兽：狮子、飞鸟、跳蚤……最后才创造人。如此看来，就连跳蚤都比人类要早一步来到这个世界上，人类也就没有自大的理由了。

犹太人认为，谦虚看上去很容易做到，其实是人类最难拥有的美德之一。因为如果说其他美德的要点是“去做”，那么谦虚的要点就是“不去做”。这是很难办到的。比如：当你取得了一个重大的成就，你很难不将它当作炫耀的资本。“要我不说自己的成就，还不如让我变成哑巴。”甚至有人这样说。更有趣的是，那些认为自己很谦虚的人，往往不具备这种美德。

有一个受人尊敬的拉比正在熟睡。此时，他旁边的信徒讨论起这位拉比的美德来。“他是多么的虔诚。”一个信徒满怀钦佩地说，“我找不到第二个像他这样的人！”另一个信徒喊道：“没有人比他更加仁慈了，他总是去救助那些贫困的百姓。”

又有一个信徒带着陶醉叫了出来：“他的脾气那么的温和，我想他永远都不会生气。”“你们忘记了他的博学吗？”别一个信徒低语，“我想这世上没有他不知道的东西。”

此时，这位拉比慢慢地睁开了眼睛，带着一副受伤的表情询问信徒们：“为什么没有人说说我的谦虚？”面对拉比的责问，信徒们陷入了沉默。

这是一个收录在《塔木德》中的故事，意在嘲笑那些不谦虚的人。那些自以为谦虚的人往往是自大的人，而那些从不接受“谦虚”头衔的人，才是值得学习和深交的人。

自吹自擂会使你的成就打折扣

犹太人认为，当一个人过于骄傲自满时，就会失去应有的本分和向上的念头。那时，他们很容易犯低级错误，不仅会失去进步的机会，还会失去别人的信任。因此，犹太民族一直倡导要实实在在地做人做事，即使取得了成就，也不要沾沾自喜，更不能因为一两句自夸的话而使自己的成就大打折扣。

所罗门是一个能听到鸟语的国王。一天，他在树林中散步，享受灿烂的阳光和新鲜的空气。当他坐下来休息时，他发现不远处有两只小鸟在聊天。他听见雄鸟对雌鸟说：“坐在那里的那个人是谁？”雌鸟回答道：“这个人是世界上最聪明的国王。”

雄鸟“哼”了一声，说：“国王又怎么样？只要我动一下翅膀，就能使整座宫殿倒塌。”雌鸟就说：“那你就让我见识一下你的力量，看看你能不能摧毁这座宫殿吧。”

听到了一切的所罗门，招招手让雄鸟过来，问它有什么办法掀翻皇宫。没想到，雄鸟颤抖地对所罗门说：“尊敬的国王，我只是想在雌鸟面前炫耀一下，让她喜欢上我。请您大发慈悲，原谅我的无知和野蛮吧。”所罗门笑了，说：“既然如此，那你回去和雌鸟解释清楚吧。”随后将雄鸟放了回去。

雌鸟正焦急地等待着雄鸟回来，看来雄鸟安然无恙，雌鸟担心地问：“国王对你说了什么？”雄鸟挺起自己的胸脯，对雌鸟说：“国王清楚我的本领，央求我不要摧毁他的宫殿。”

听到雄鸟的回答，所罗门彻底生气了，他将雄鸟变成了石头，以告诫后人不要骄傲自大。

从这个故事中可知：想要让自己受到别人的尊敬，不能靠自吹自擂。即使你真的取得了成就，自夸也会让别人怀疑你的成就。因此，犹太父母经常对子女说：“不要总是夸耀自己的成就，那会使别人对你产生厌恶，曾经可以给你‘加分’的成就，也变成‘减分项’了。”

谦虚的人总是努力不懈、锐意进取的

犹太人认为，谦虚的人是最值得学习的，因为他们既能看到自己的优点，又能看到自己的缺点；既明白自己应该往哪方面努力，又明白自己应该弥补哪些不足。他们总能努力不懈、锐意进取，取得更高的成就。

有一次，一个年轻人问爱因斯坦："在物理学界中，您可以算得上是前无古人后无来者的人物了，为什么您还在不断地学习、研究？为什么不舒舒服服地度过晚年呢？"

对于这个问题，爱因斯坦没有直接回答他，而是拿来一支笔、一张纸，并在白纸上画了一个大圆和一个小圆，然后对那个年轻人说："就目前看来，我可能比你懂得多一点。如果说你知道的东西就像这个小圆一样多，那么我知道的东西就如同这个大圆一样。然而，我们能算出大圆和小圆的大小，但是不能算出物理学知识的大小。对小圆来说，或许因为它与未知领域接触的面积小，所以它并没有感受到自己的无知；然而对大圆来说，它与未知领域的接触面积大，更加体会到自己的无知，因而更加努力地去探索未知的一切。"

即使面对自己的亲人，爱因斯坦也保持这样谦虚的态度。有一次，他9岁的孩子问他："爸爸，你为什么这么出名？"爱因斯坦指着地上的甲虫对孩子说："你看，甲虫并不知道自己爬行的轨迹，而我只是有幸察觉到了这一点罢了。"

犹太人认为，越是成功的人就越谦虚，反之，那些不愿意去奋斗却又希望得到别人尊敬的人，才会自吹自擂，恨不得将自己的成就告诉全天下的人。因此，犹太父母经常对子女说："你如果想取得成功，就要学会谦虚，这样你才能站在一个客观的角度看自己，发现自己的不足，从而不断地充实自己。"

犹太人教子箴言

"我的谦卑就是我的高贵，我的高贵就是我的谦卑。"这是犹太人经常挂在嘴边的一句话。《塔木德》中也提到了谦虚："降低自己的人，上帝会抬高他；抬高自己的人，上帝会降低他。"

在任何场合都要保持良好的道德

犹太人认为，如果一个人能在受约束的场合中，比如有父母、老师监督的场合，保持良好的道德，并不意味着这个人一定是品德高尚的人。要看一个人是否值得尊敬，还得看他在那些不受约束的场合中的表现。

犹太人常说，从最隐蔽的言行中才能看出一个人真正的道德，即在无人监管、无人约束的情况下，这个人的所作所为才能反映出此人真实的品德。

《塔木德》中有这样一句话："在他人面前害羞的人，和在自己面前害羞的人，其实是不一样的。"这句话其实很好理解。因众人的目光而产生羞耻感的人，和由自己内心产生羞耻感的人是不一样的。前者一旦离开公众的视野，就会展现出自己的另一面；而后者无论在哪种场合，其言行都不会发生改变。因此，犹太人常说，由内心产生自律和自觉，从而去约束自己的行为，才是真正的美德。

在无人之处应该谨慎为人

犹太人认为，因受到社会的压力、害怕众人的批评和指责而遵守规矩是比较常见的事情。在公众场合，特别是有大众媒体的场合，人们往往会表现出自己和善亲切的一面。然而，当人独处之时，社会的压力就会消失，此时遵守规矩、保持美德变得异常困难。

有一位拉比问学生："你们知道真正的神圣是什么吗？""为神奉献自己的一生！"一位学生抢先答道。拉比摇了摇头。"神圣是经常祷告！"另一个学生回答道。拉比还是摇了摇头。又有学生回答"守安息日""装饰神殿""向拉比请教"……但是都被拉比否定了。

看着学生迷惑的双眼，拉比说："神圣就是你选择吃什么样的东西。"学生听后更加迷惑了，问："我们吃的东西和神圣有什么关系？难道不吃东西就是神圣吗？"

拉比说："你们在我这儿学习的时候，都表现得很有礼貌；在需要斋戒的日子里，你们也从不乱吃东西。这是因为你们所表现出来的一切都可以被别人看到。然而，你在自己家吃什么，是否吃了犹太教教规不允许的食物，别人并不知道，只有你自己知道。也就是说，当你在家里选择吃什么样的食物时，你的面前出现了两条路，一条路可以让你变成天使，另一条路会让你变成禽兽。在这个时候，能够正确选择的人才是真正的神圣。"

从这个故事不难看出，当外界压力完全消失，只剩下内心的良知时，能够抵御自己内心的恶念，保持良好道德的人，才是品德高尚的人。因此，我们需要好好地思考一下：我们是否只懂得在公众面前约束自己，私下却不能做到自律？若答案是肯定的，那么我们就要赶紧约束自己的言行，提高自己的自律能力，我们记住《塔木德》中的这句话："在无人之处应该谨慎为人"。

不要成为惩罚或奖赏的奴隶

在大多数时候，人们之所以遵守规矩，是因为害怕受到惩罚，如因为害怕罚款而不闯红灯。然而，在犹太人看来，一个具有良好道德的人，其遵守规矩的原因是内心的自律。比如：他们之所以不闯红灯，是因为他们明白自己的行为可能会到伤害别人；他们之所以不踩草地，是因为他们热爱大自然。当惩罚消失之时，如路口没有电子摄像头，有些人就会破坏规矩，而那些品德高尚的人却不会。

有一天，11岁的比尔跟着父亲去湖边钓鱼。小比尔的运气很好，没过多久，他的鱼竿就有了动静。比尔使劲地拉住鱼竿，看着鱼竿弯成了弧形，他忍不住大喊起来："爸爸，这一定是一个大家伙！"结果正如他所料，当他将那条筋疲力尽的鱼托上水面时，他发现那是条自己从未见过的大鲈鱼。

比尔的父亲称赞道："真是条漂亮的大鱼，我从未见过这么大的鲈鱼。""我要带回去，让我的朋友看一看。"比尔兴奋极了。这时，父亲看了看手表——晚上10点，离可以钓鲈鱼的时间还有两个小时。

"比尔，你必须将这条鲈鱼放掉，因为现在还没有到钓鲈鱼的时间。"父亲说。"为什么？"比尔喊了起来，"这是我辛苦得来的。"父亲摸了摸他的头，安慰道："你还会钓到其他的鲈鱼的。""但是不会有这么大。"比尔反驳道。

比尔朝湖四周看看，月光轻柔，这里只有他们父子两人。他看着父亲说："没有人知道我们是在什么时候钓到这条鱼的，也不会有人来惩罚我们。""不行。"父亲严肃地说，"你一定要将这条鲈鱼放掉，这是规矩。"比尔从父亲斩钉截铁的语气中知道这件事没有商量的余地，他只能将鲈鱼放掉。鲈鱼消失在湖中。看着湖面上的水纹，比尔难过地想："我以后再也钓不到这么大的鱼了。"

的确，在这之后，比尔再也没遇到这么大的鱼。然而，这条鱼却经常在他的眼前闪现，尤其是在他遭遇道德难题的时候。

犹太人常说，因为害怕受惩罚而守规矩再正常不过，当你做错事情却不会受到惩罚的时候，你是否愿意遵守规矩？如果你愿意，那么你就是真正的智者。我们从不因环境而改变自己的言行，不愿让自己成为惩罚或奖励的奴隶。

身居闹市也不会犯罪

在犹太智者的教诲中，神会夸奖的三件事是：身居闹市也不会犯罪；富人暗中施舍十分之一的财富给穷人；穷人拾金不昧。这里的"身居闹市也不会犯罪"，指的就是即使周围的人都不守规定，我们也要严格地要求自己，时时刻刻保持良好的美德。

有一个犹太青年来到一个陌生的小镇，小镇上的人很热情，也很善良，但是他们有一个缺点：喜欢说脏话。或许在小镇居民看来，这只是一个再正常不过的沟通方式。这位犹太青年虽然没有纠正这些人说话的习惯，但是也没有和他们一起说脏话。

“你为什么不像我们一样说话？”一位小镇居民问这位犹太青年，“我们并不是真的骂人，只是一种习惯。而且即使你骂的再难听，也不会有人对你发脾气。”犹太青年回答道：“礼貌地对待别人已经成为我的一种习惯，我不会因为环境改变。”

从这个故事中不难看出，真正拥有良好道德的人，是不会在“闹市”中迷失自己的。实际上，在生活中，这一点并不容易做到。例如：在绿灯还没有亮起的时候，你身边的人就开始过马路，这其中还有你的朋友和亲人。此时你是跟着人群走，还是等绿灯亮起后再过马路？虽然选择前者意味着违背了自己的道德准则，但是还是有不少人这样做。因此，我们要记住犹太人的这句俗语：“身居闹市而不违法的人，才是道德高尚之人。”

犹太人教子箴言

对真正的智者来说，规则无处不在。无论是在熙熙攘攘的闹市，还是在空荡的旷野中，他们都会坚守自己的原则，时时刻刻保持良好的道德。

孝敬父母、兄友弟恭是最大的美德

犹太人认为，一个人最亲近的伙伴是上帝和父母，若你对造物者还有敬畏之心，你就应该孝敬自己的父母。此外，兄弟是自己的手足，人应该善待兄弟，做到兄友弟恭。

一位犹太拉比曾说，孝敬父母就等同于尊重上帝。因此，在犹太人社会中，那些对父母不尊敬的人会被人看不起。在犹太人看来，一个人如果连自己的父母都不孝敬，那他一定是一个冷漠、没有爱心的人，即使他取得了再大的成就，都不值得尊敬。

同时，在犹太家庭中，兄弟的情谊也十分受重视。也许你曾看到过这样的新闻：几个兄弟为了一块地或一套房子大打出手，不断地谩骂对方。犹太家庭就很少出现这样的情景，因为父母从小就告诉他们：一定要尊敬自己的哥哥姐姐，爱护自己的弟弟妹妹，他们是你的手足，会在困难的时候帮助你。

每一个人都要尊敬父母

对犹太人而言，孝敬父母不仅仅是一个道德要求，更是一项宗教义务。《塔木德》将孝敬父母放在至关重要的地位上，而《圣经》则认为孝敬父母等同于敬奉上帝。犹太人认为，父母不仅仅将子女带到这个世界上来，还教导他们，让他们明白做人做事的道理，让一个一无所知的孩童成为一个有用的人，所以每一个人都要尊敬父母。

有一个犹太人拥有一颗非常精美的钻石。一位拉比想用这颗钻石来装饰圣殿的正殿，便带着大量的金币来到这位犹太人的家中。

犹太人将钻石收藏在金库中，金库的钥匙则放在父亲的枕头下方，此时父亲正睡得香甜。于是，这个犹太人对拉比说："很抱歉，我不能将钻石卖给你，因为我不能吵醒父亲。"

拉比失望地走了。其实这位犹太人也很想用自己的钻石装饰圣殿，于是，等父亲醒来之后，他取出钻石，送到了拉比家。拉比看到这位犹太人为了不吵醒父亲而放弃赚钱的机会，夸奖他是一个孝顺的孩子，值得学习。

在犹太人看来，没有什么事情比孝顺父母更重要。然而，在现实生活中，你或许会碰到这样的人：他们认为父母会拖累自己，就将父母赶出家门，让父母在楼道中生活；认为父母没有什么文化，自己的“档次”被他们拉低了，就不让父母来看望自己，甚至不承认他们是自己的父母。这样的人，那么无论他的成就有多高，都要赶紧远离他。因为在犹太人看来，一个不孝敬父母的人，根本不算一个真正的人。

要实实在在地孝敬父母

在犹太人看来，孝敬父母不是说说而已，还要实实在在地孝敬。有的人抱怨道：“我已经给父母提供了最好的物质生活，为什么他们还是经常抱怨我呢？”实际上，孝敬父母，不在于你做了什么，而在于你怎么做。犹太人有这样一句俗语：“孝敬父母也需要正确的方法，有的人可能会因为给父亲吃肥鸡而下地狱，而有的人可能会因为让父亲在磨坊中做工而上天堂。”

有个人经常给父亲吃肥鸡。有一次，父亲问他：“我亲爱的孩子，你是从哪里得到这些肥鸡的？”他不耐烦地回答说：“你这个老东西怎么这么多废话。你就好好吃肥鸡吧，别出声，最好像狗吃东西一样不出声。”

有个人在磨坊中工作。有一天，国王颁布了一道命令，要求每一户出一个男人为自己干活。这个人对父亲说：“父亲，你以后就来磨坊中干活吧，因为我要去给国王干活了。虽然磨坊的工作有点辛苦，但是让你去给国王干活的话，我怕你受到侮辱。而且我听说国王喜怒无常，经常把人投入监狱中。我不愿意你冒这样的风险，如果有责罚，我希望承受的是我而不是你。”

结果：第一个人下了地狱，而第二人上了天堂。

从这个故事中不难看出，孝敬父母，不在于你做了什么事，而在于你抱着什么样的心态做这些事情。如果你认为父母是一个拖累，为了不被他人批评才照顾父母，那么即使你给父母提供了最好的物质生活，你也不算是个孝顺的子女；如果你怀着感恩、尊敬的心照顾父母，那么就算父母跟着你吃糠咽菜，他们都不会埋怨你。

此外，犹太人认为，孝顺的子女不能在言辞中对父母表示不敬。比如，当母亲表示自己想吃早点时，子女不能对母亲说：“太阳才刚刚升起来呢，你就要吃东西，真麻烦！”当父亲问子女“你给我买的这件衣服，一共花了多少钱”时，子女不能对父亲说：“你别管这么多了，这不关你的事！”因为就算你最后给母亲做了早点，或者给父亲买衣服时是发自真心，你也不算是个孝顺的子女。因为你随口的一句话伤了父母的心，你的孝心也会大打折扣。

兄弟姐妹之间应当互相关爱

在犹太家庭中，他们不仅会对父母孝敬，还会主动关心兄弟姐妹，成员之间长幼有序。在犹太人看来，兄弟姐妹就是自己的手足，在遇到困难的时候，兄弟姐妹会出来帮助我们。犹太人常说，在与兄弟姐妹相处时，过分地计较得失是一件非常愚蠢的事情。犹太人认为，兄弟姐妹之间应该看淡得失，互相帮助。《塔木德》中就有这类的故事：

有两个犹太兄弟。哥哥已经结婚，还生了几个孩子，而弟弟还是单身。一年秋天，兄弟俩将收获的苹果和玉米公平地分为两份，各自放在自己的仓库中。

到了晚上，弟弟一直睡不着，他想，哥哥家有那么多人口，粮食肯定不够吃。所以他趁天黑偷偷把自己一部分粮食放进哥哥的仓库中。

哥哥也睡不着，他想，弟弟应该为以后的结婚做准备，所以需要更多的粮食。他将自己的一部分粮食放进了弟弟的仓库中。在之后的三天里，他们都在重复第一天晚上的行动。在第四个晚上，哥哥和弟弟竟然在半路上相遇了，他们知道了对方的意图，抱在一起大哭起来。

兄弟姐妹之间的缘分难得，我们应该关心、关爱自己的兄弟姐妹。在未来，每个人将会各自成家，负担起自己家庭的责任，但是血浓于水的感情是不会随着时间、距离而变淡的。就算大家很少聚在一起，你也能发现，当你遇到困难时，他们永远是你坚实的后盾。

犹太人教子箴言

犹太父母经常对子女说："要成为一个有用的人，你首先要学会如何孝敬父母。"《塔木德》中也提到："你必须对父亲和母亲献上相同分量的孝心。"此外，"兄弟如手足，手足断了后，难再续"，也是犹太父母经常告诫子女的话。

学会谅解那些曾经伤害过你的人

犹太人认为，能够宽容、谅解那些曾经伤害过你的人，才是最佳的待人之道。一位犹太拉比曾高度赞扬过那些"受过侮辱却不去侮辱别人、听到诽谤却不去诽谤别人"的人。

或许，世界上没有哪个民族会像犹太民族一样受到过如此之多的磨难。犹太人流浪了两千多年，曾遭遇过毫无人性的大屠杀。然而，无论遭遇什么样的困难，他们都坚信希望就在不远处。更可贵的是，犹太人一直坚守自己的原则：诚信、善良、独立、博爱……犹太人之所以能保持本色，就是因为他们拥有一颗不计较和宽容的心。

在犹太的教义中，宽容是一种值得赞颂的美德。为此，犹太人有句名言："谁是最强大的人？能够化敌为友的人。"即使犹太民族受尽迫害，但是一旦他们有能力主宰其他民族的命运时，他们也没有挥舞自己的屠刀，而是以平常心对待其他的民族，甚至带着爱心去帮助他们。

学会化敌为友的处世之道

犹太父母经常对子女说："仇恨并不能缓解你的痛苦，只能蒙蔽你的眼睛，让你无法理智地处理问题，让你变成仇人的模样。" 为了化解仇恨，犹太人在赎罪日前夕做礼拜时，会真诚地对每一个遇到的人说声"请原谅我"。对方也会认真地听完他们说的话，然而真诚地回答道："我原谅你。"在犹太人社会中，这几乎是一条不成文的规定。在《塔木德》中，就有与化解仇恨有关的故事：

约瑟夫在年少时就被哥哥们卖往埃及为奴，但是努力奋斗的约瑟夫不仅活了下来，还成了宰相。有一天，约瑟夫的故乡闹灾荒，他的哥哥们流浪到埃及，想讨点食物。在寻求食物的过程中，他们遇到了已经成为宰相的约瑟夫。

此时，他的哥哥们早已忘记了弟弟的模样。可是约瑟夫却一眼认出了哥哥们，他对仆人说："你们都下去吧！"等仆人离开后，他说："我是约瑟夫啊，父母还好吗？"听到这句话，他的哥哥们都愣住了。

见哥哥们没有说话，约瑟夫又说："你们可以走近些看，我真的是你们的兄弟约瑟夫。还记得吗？你们曾经把我卖到埃及。"当他的哥哥们发现一切都是真实之时，他们更不敢说话了。

正当他们以为约瑟夫要报复自己时，却听到约瑟夫说："你们不需要因为把我卖到这里而感到害怕，那是上帝为了救我的命才让你们这么做的。现在老家发生饥荒，而且这个饥荒还要持续五年。上天将我早点送来，就是为了救我的命。"

从这个故事中不难看出，将苦难看成一种财富，其实就是一种化敌为友的处世之道。在犹太社会中，仇恨几乎没有空子可钻。如果两个人的误会太深，那么与他们俩都很熟悉的老人会主动站出来，让他们俩坐下来沟通。这种方法虽然无法让两人马上握手言和，但是至少能让他们平息怒气，擦亮被仇恨蒙蔽的双眼。

憎恨罪恶而不憎恨罪人

犹太人历来主张将罪恶和罪犯加以区分。在他们看来，处罚坏人其实并没有太大的意义，如果处罚不能使他们悔改，如果他们在接受处罚后依旧回到犯罪的道路上，那么处罚并没有什么益处。犹太人认为，恶是与生俱来的，但是人可以通过后天的努力祛除罪恶。因此，他们会憎恨某一种罪行，但不会憎恨犯罪的人。他们从来都不愿意恶人遭报应，只希望罪恶能够得到清除。

有一天，几位拉比遇上了一群坏人。这些人无恶不作，是那种咬住别人后不吸干骨髓不罢休的人。他们狡猾又残忍，害了很多无辜的人。拉比们抓住了他们，开始商量应该如何对待他们。

一位拉比说："像他们这样无恶不作的人，留在人世间也是个祸害，不如将他们全都扔进河里，这样人们就能够好好生活了。"

此时，他们中年龄最大、最有智慧的拉比说："不，身为犹太人，我们不应该这么想。你认为这些人死了更好，或许其他人也这么想，但是即使他们死了，罪恶还是没有消除。与其让坏人死亡，不如让坏人悔改自己的罪行。"

这就是犹太拉比的智慧。即使罪犯得到了惩罚，但是罪恶却不会消失，甚至有人会因为崇拜这些罪犯而走上犯罪的道路。这样，世间的罪恶会越来越多，受到伤害的人也会越来越多。因此，我们要明白，在生活中，我们会遇到形形色色的人，而这些人中的一小部分人会伤害我们。此时，憎恨罪人不如憎恨罪恶。

比如，有些人在学校欺负你，你可以将这样的事情告诉老师，以便减少他们对你的伤害。既然那些同学给你带来了伤害，那么你是否需要憎恨他们？不需要。思考如何"欺负回来"，或是成为那个可以欺负别人的人，都毫无意义。你需要做的，就是增强自己的实力，比如多学一点知识，多锻炼身体等。等你长大，有足够的实力后，你可以试着消除这样的罪恶——看看有什么方法能减少欺凌现象的出现，或者帮那些和你有相同遭遇的人渡过难关。这一切，都比对"恶人"深恶痛绝要有意义。

犹太人教子箴言

犹太人的宽容是“对事不对人”的。犹太父母经常对子女说：“你应该学会换一个角度去看待福祸，一味地憎恨是没有任何意义的。若你对待敌人能用爱心去宽恕，那么你一定能成为一个品德高尚的人。”

充满爱心，像爱自己一样珍爱他人

绝不将自己的快乐建立在别人的痛苦之上，要将别人的喜悦，当作自己的喜悦。这是犹太人爱人如己的体现，也是杰出的处世智慧。

“爱自己”是一件很容易做到的事情，如冷了会给自己加件衣服，饿了会给自己准备一桌美食。然而，“像爱自己一样爱他人”就比较困难了。有些人心中只有自己，他们不知道为什么要去关心他人，更不知道如何关心他人。你若想感受到他人的关心和善意，就要学会爱人如己，如《塔木德》中所说：“帮助别人，别人也会帮助你；正如你爱邻人，邻人也会爱你。”

在犹太人看来，“邻人”指的不仅仅是邻居，而是所有的人。犹太人的教义是，善待他人就是善待自己。你关心别人，别人也会关心你。这里的“别人”，既包括了日日与你见面的邻居、同事，也指在火车、飞机上遇到的陌生人。

爱别人，别人也会爱你

曾经有人问一位拉比：“为什么神在造人的时候，不一下子造出很多人，却只造出一个人，然后让这个人慢慢繁衍呢？”对此，这位拉比的解释是：“这是神为了告诉我们，夺取一个人的生命，就相当于杀了全人类。相对的，谁救了一个人的性命，就相当于拯救了全人类。同时，爱一个人，就等于爱全世界。既然全人类都是由同一个人繁衍而来的，那么我们又有什么理由不去爱和自己同根同源的其他人呢？”

对这个问题，《塔木德》的解释是：“神之所以只创造一个人，是为了防止任何人说自己的血统优于别人的血统。因为溯源而上，所有人都会发现自己并没有什么奇特之处，四海之内皆兄弟。”因此，犹太人一直像爱自己一样珍爱他人。

有一个犹太女孩，她与人为善，待人热情，左邻右舍都很喜欢她。她经常把在邻居门前等候的人领到自己家来，像对待自己的亲友一样对待他们。对她来说，为外地人指路、给孤寡老人帮忙是再正常不过的事情了。

在她养父住院期间，她每天奔波于医院和学校之间，负责给养父喂水喂饭、清理排泄物、按摩，病房里的其他人都夸她是个孝顺的孩子。和养父同一病房的一个老年人，因为子女都不在身边，所以排泄物弄得满地都是。当女孩来到病房，看到这样尴尬的场景时，她没有丝毫犹豫，马上打来热水，为老人擦拭身体，并清理地上的排泄物。此后，老人便将她看作自己的亲孙女。

这个女孩在参加工作后，依然与人为善。有一年，一个同事生了孩子，女孩便在星期天去同事家帮忙，帮她照顾孩子，公司里的人都认为她是一个难得一见的好姑娘。

当她遇到困难时，每个人都来帮助她——医院里的老人给了她一大笔钱，同事们来她身边为她忙前忙后。女孩不解，问他们为什么要对自己这么好。一个同事笑着对她说：“你为我们做了那么多，我们早就将你当作自己的亲人了。”

从这个故事不难发现，如果你关爱别人，那么你总有一天会收到别人的关心和善意。不过你要注意一点，千万不能带着目的去关爱他人。如果你关心别人，只是为了从别人那里捞取好处，那么这样的关心是毫无意义的。只有带着发自内心的爱去关心别人，才会换来别人的真心相待。

对每个人都要表示出充分的尊重

犹太人认为，“爱你的邻人”并不意味着你需要时时刻刻关心他们，它还有另一层含义：对每个人都要表示出充分的尊重。比如，厂商要理解顾客赚到每一分钱都不容易，所以要尽量保证他们买到的每一件商品都是最好的，且价格合理；公民要尊重政府，做诚实的纳税人，不做任何违法的事情。如果你能做到这些看似简单的事情，那么不仅你的生活会变得更加美好，你的事业也会更进一步。

有一个培训讲师很受欢迎，几乎每个学员都表示听他的课让自己受益匪浅。当别人向他请教成功的经验时，他说：“我会按照客户的特性和感受来设计我的方案。在我看来，不顾及他们的感受而千篇一律地去讲解方案是毫无意义的，因为我的客户来自不同的层级，拥有不同的经验背景、不同的工作岗位、不同的性情爱好，而且他们理解能力与接受培训内容的关注点都不相同。所以虽然有时培训内容多、客户的要求也多，但每次我都尽量将讲义做成不一样，无论是形式、内容还是逻辑结构，都让客户眼前一新。我想这是一名优秀培训师必须考虑并且要做到的事情。”

一个人如果心里没有他人，那么无论他的服务再怎么装模作样，都不会显示出他的热忱。每个人都要知道，只有像爱自己一样爱你的同事、客户、朋友，你才会发现自己的工作原来如此有趣，你才愿意为你的工作付出宝贵的时间。当你不断付出自己的爱时，你会发现自己也沉浸在爱之中，这可以使你获得永恒的快乐和动力。

犹太人教子箴言

犹太父母经常对子女说：“珍惜身边的人和事，像爱自己一样珍爱他人，这样你不仅能得到他人的关爱，还能感受到付出爱的快乐，成为一个充满爱心的人。”

不要逃避自己该负的责任

不逃避自己的责任，自己生产出来的“果子”自己吞下——无论是善果还是恶果。这是犹太人经常说的一句话。责任已经成为犹太人心中的使命，而自己的责任自己负，则成为我们的处世原则

犹太人不喜欢将孩子泡在“蜜罐”中。他们认为孩子如果生活过于安逸，“天塌下来有父母顶着”，就会变得没有责任心。在现实生活中，我们也许会看到这样的情景：孩子不小心打碎了玻璃，父母马上站出来道歉。父母满脸歉意，而孩子却像个没事人一样。

也许有人觉得这样的孩子很幸福，但事实上，这就是没有责任心的表现。父母的所作所为，看似为孩子遮挡了“风雨”，实则将孩子推入到更危险的境地中。要知道，一朵温室中的花朵，又怎么能经受得住外面的风吹雨打？父母这把“大伞”不能陪伴孩子一辈子。更为严重的是，一个没有责任心的孩子，于家于国无益，因为他不敢负责任，也负不起责任。

放弃责任是无法宽恕的事情

有人或许会提出异议：“责任感有那么重要吗？即使没有责任感，我也可以活得很好啊。”对于这一点，只需要用《塔木德》中的一段话来解释：“我本以为一定会有人带蜡烛进去，可是一走进房间，我发现整个房间里竟然漆黑一片，根本没有人带蜡烛进去。其实，只要有一个人带蜡烛进去，这个房间就会变得如白天般明亮。”

没有责任感的人，不仅会为自己带来麻烦，还会给别人带来麻烦。一个不负责任的员工，在工作时随心所欲、拖拖拉拉，从不考虑同事和老板，甚至要他们为自己收拾“烂摊子”。时间一长，他就会失去别人的信任，甚至会失去这份工作。一个不负责任的父亲，对孩子的生活不管不顾，不仅会让孩子怨恨自己，还会影响孩子的健康成长。在犹太民族中，不懂得负责任的人会遭受到鄙视，因为他们认为，这样的人不会有什么大成就，只会给人带来无尽的麻烦。

上帝对自己的使者说：“你在那些正直的人额头前用墨水做个标记，这样破坏天使就不会伤害他们了；然后在邪恶的人额头前用血做个标记，这样破坏天使就会消灭他们。”使者问道：“为什么要把第一类人和第二类人区别开来？”上帝说：“因为第一类人是绝对的好人，第二类人是绝对的坏人。”

这时，正义站出来表示反对：“宇宙之神，我认为这样的做法不对。”上帝问：“为什么？”正义回答道：“消灭罪恶原是正直的人的责任，而且他们也有力量反抗恶人的行为，可他们没有这样做，他们放弃了自己的责任。”上帝说：“就算他们反抗过了，恶人也不会修正自己的行为。”正义回答道：“你知道恶人不会改变，但是那些正直的人知道吗？”上帝想了想，说：“你说得对，他们的确放弃了自己的责任。”上帝转而对使者说：“你不需要将这两类人区别开来了。”

从这个故事可知：对犹太人来说，放弃自己的责任是连上帝都无法宽恕的事情。在日常生活中，犹太人从不逃避自己的责任，即使要为此付出倾家荡产的代价。

可以适当向长辈求助

有时候，人们可能会因为能力不足、经验不丰富而不知道该如何解决问题，此时，应该向长辈求助。因为长辈会告诉你处理问题的方法，给你提供物质上的支持。不过前提条件是，只有在自己无法解决问题的情况下才去向长辈求助，千万不要将长辈当作“救命稻草”。

有一个10岁的小男孩，因为调皮，拿起石头砸向一匹马车。没想到这块石头正好砸到了马的身上，马受惊后到处跑，撞伤了不少路人，最后连马车也坏了。车夫找到了男孩的父亲，对他说：“你的孩子弄坏了我的马车，你要赔偿我150美元。”150美元！这可是个大数字，男孩没有那么多零用钱。即便如此，男孩还是勇敢地站了出来，说：“马车是我弄坏的，我来赔偿！”

“那你有150美元吗？”车夫问男孩。“没有……”男孩低下头，想了想，抬头对站在一旁的父亲说：“您能借给我150美元吗？我两年后还给您。”父亲答应了。看到孩子勇于承担责任的样子，父亲觉得很欣慰，告诉孩子不用还150美元了。然而男孩却说：“我一定会还钱的！”之后，男孩努力寻找赚钱的机会，一年后，他终于赚够了150美元，实现了自己的承诺。

对自己的行为负责，是每一个犹太人的必学课程。只有学会自己的责任自己负，才会成为一个可以经历风雨的人。

犹太人教子箴言

古代的一位拉比曾说：“你可以分享好事，但是自己的责任一定要自己负。”犹太父母也经常对子女说：“即使你把事情推给别人，属于你的责任也不会消失，那还不如从一开始就负起责任。”

勇气毅力：走向独立就此开始

独立并不是一件容易做到的事情，不是人一到18岁，就能够从一个事事依赖父母的孩子，变成独当一面的男子汉。若想变得独立，我们就要从现在开始，学着独立做事，为自己的选择负责，拿出勇气面对生活中的艰难险阻，通过自我反省让自己变得更加成熟，坚持自己的梦想并实现自己的价值。

学会独立做事，没有人能永远呵护你

犹太人常说，要学会独立做事。上天给了你手和脚，就是要让你自己用脚丈量土地，用手创造财富。只有摆脱对父母的依赖，你的人生路才会走得更加顺畅。

犹太民族是一个历经苦难的民族。在两千多年的流浪生活中，他们不仅居无定所，没有生存和发展的权利和保障，还曾经遭受到激进分子的打击和迫害。也正因此，犹太人养成了独立做事的习惯。犹太人明白：人不学会独立，就永远长不大，别说保护身边的人，就连自己都可能养不活，甚至会给父母带来沉重的负担。

学会独立做事，是每个犹太孩子都必须要养成的习惯。犹太人常说，父母虽然可以为孩子遮挡一时的风雨，但是不可能照顾他们一辈子。一旦父母离开孩子，没有独立能力的孩子就会像战场上没有武器的士兵，很容易被生活淘汰。

没有人能够呵护你一辈子

在犹太社会中，独立精神是一种备受推崇的品质。每个犹太孩子从小就被教育要独立做事情，并不是父母不爱护孩子，只是父母清楚，没有人能够呵护孩子一辈子。即使是父母，也总有离开孩子的那一天，而父母能给孩子最好的东西，就是教孩子独立地处理问题。

巴拉尼在年幼时患上了一种骨病，因为家庭贫困，没有钱给他做最好的治疗，所以他的病被耽搁了，他的膝关节永久性僵硬了。或许在其他的家庭中，这样的孩子会得到额外的照顾，然而巴拉尼的父母却对他格外的“冷酷”。

只要是巴拉尼自己可以做的事情，父母都不会替他做。比如：巴拉尼想喝水，但是水壶离他很远，而此时母亲正站在水壶旁边。当他对母亲提出自己的请求后，母亲对他说：“亲爱的，你应该自己过来，我不会帮助你的。”巴拉尼只好慢慢地移到水壶旁边，在这过程中，母亲一直袖手旁观，只是最后称赞了一句：“你做得真好，我为你骄傲！”

巴拉尼18岁之后，父母就不再给他经济上的支持。当巴拉尼事业受阻时，父母对他说：“我们一直会支持你，但是不到最后一步，我们是不会给你实质上的帮助，因为你要学会自己处理问题。”巴拉尼立志学医，在遭遇了无数的失败后，最终在1914年获得了诺贝尔生理学或医学奖。

虽然对于巴拉尼父母的做法，很多人表示都无法理解，但是他父亲在巴拉尼15岁时说的话或许能解释他们的行为：“孩子，在我们心中，你从来都不是一个残疾人，我们不会像照顾一个婴儿一样呵护你，因为我们知道没有人能够呵护你一辈子。我们只有培养你的自理能力，让你学会独立做事，才能保证当你离开我们，走上社会后，不会被生活淘汰，能掌握自己的命运。”

不要将命运寄托在他人身上

在很多人心中，犹太民族是一个强大的民族，因为即使是一个八九岁的孩子，都有坚忍不拔的意志，能够努力实现自己的目标。几乎每一个犹太孩子都不是温室里的花朵。从孩子懂事开始，父母就会告诉他们：自己的事情自己做，没有人会帮你完成。

有人曾经看见这样的情景：一个3岁的犹太小孩在系鞋带，看上去有点费劲。这时，有一个人想要过去帮助他，但是这个犹太小孩拒绝了，他说："我已经3岁了，系鞋带这样的事情不需要别人帮助。"犹太人十分清楚：将自己的命运寄托在他人身上，是一种非常愚蠢的行为，即使这个人是你的至亲。

有一个商人有两个孩子，他比较喜欢大孩子，所以决定将自己所有的财产都留给大孩子。但是商人的妻子十分心疼小孩子，听到这个消息后，坐在窗前默默哭泣。

这时，有一个人从她窗前经过，问她为什么这么伤心。商人的妻子说："我有两个孩子，但是我的丈夫决定将所有的财产都留给大孩子，小孩子什么都得不到，我怎么能不伤心呢？"过路人笑了，说："等你的丈夫向两个孩子宣布消息之后，你的小孩子自然能想出解决的办法。"

果然，小孩子一听到自己什么也得不到，立刻离开家到耶路撒冷做生意去了。他在那里学习了不少知识，生活很不错。相反，大孩子一直跟着父亲生活，父亲去世后，他什么也不会做，最后将父亲留下来的财产都花光了。等他变成穷光蛋之后才发现，自己的弟弟早就变成了富翁。

从这个故事中不难发现，将自己的命运寄托在别人的身上，看似是一条捷径，实则在消耗自己的生命。没有人需要对你的人生负责，如果你不懂得自己的事情自己做的道理，那么你就如一条失去船帆的船，最终会被海洋吞噬。犹太人十分明白这个道理，所以他们从小就学习去做一些力所能及的事情。其实，事情是否能做好还是其次，最重要的是培养独立意识。

年龄不是依赖他人的借口

犹太人的发展道路上布满了荆棘。如何在逆境中求生存是犹太民族一直在思考的问题。长期的动荡和艰苦的环境，让他们养成了独立做事的习惯。犹太人就像那暴风雨中的小树，将自己的根扎得足够深，以面对一切挑战。

或许在其他民族看来，犹太人的教育方法过于严苛，因为孩子是娇弱的、天真的，他们应该有一个无忧无虑的童年。然而，在犹太人看来，过度的保护会让孩子成为温室里的花朵，这对孩子以后适应社会极其不利。一个优秀称职的父母应该让孩子成长为一棵能独当一面的大树，而不是一株娇弱的观赏花。

有一个妈妈带着自己年仅一周岁的孩子来到公园。看到那十几层阶梯时，男孩挣脱妈妈的怀抱，想要自己爬上去。他慢吞吞地爬着，他的妈妈就在一旁看着，没有丝毫要帮助他的意思。爬了五六个台阶后，男孩看向妈妈，眼神中流露出一丝害怕。妈妈没有将他抱起来，而是用眼神鼓励他。

男孩放弃了让妈妈抱的想法，手脚并用向上爬去。他看上去有些吃力，小脸红扑扑的，衣服上也沾满尘土。最终，小男孩爬上去了。妈妈这才走上前，拍了拍孩子身上的尘土，开心地亲了孩子一口。

这位母亲就是南希·汉克斯，而她的孩子就是美国第16任总统——林肯。

从这个故事中不难看出，年龄不是独立做事的障碍。那些拥有独立意识的人，即使还没有成年，也能让人感觉到可靠；而那些习惯依赖他人的人，即使已经白发苍苍，看上去也如一个婴儿般娇弱。

犹太人教子箴言

洛克菲勒曾经对孩子说：“你希望我能和你一起出航，这听上去是个好主意，但我不是你永远的船长。上帝为我们创造双脚，是要让我们靠自己的双脚走路。”犹太父母也经常对子女说：“不独立做事，你将永远长不大。”

有勇气做事和有智慧做事同样重要

或许你有个好主意，但是如果你没有勇气将自己的想法变成现实，那么你的主意也只会是空想而已。因此，犹太人常说，有勇气做事和有智慧做事同样重要。

“不要害怕自己会被他人嘲笑，如果你因心中的胆怯而不去做这件事，你才会成为众人的笑柄。”这是犹太人常挂在嘴边的一句话。在犹太人看来，有智慧做事虽然很重要，但是要是没有勇气，再多的聪明才智也没有办法得到施展。因此，他们常说：“如果你要做好一件事情，除了带上你的大脑，还要带上你的勇气。”

然而，在生活中，我们经常听到这样的话：“我觉得自己笨手笨脚的，肯定学不会。”“他们是经过专业训练的，我怎么能赢得过他们呢？”“我从来没有接触过这方面的知识，不敢去做。”“不敢去做”，当你说出这句话的时候，你就宣告了自己的失败，你的聪明才智也被你埋进了泥土中。

世上无难事，只怕有心人

有人曾经这样夸奖犹太人：“我觉得你们太聪明了，每次都能想出那么多有趣的点子。”其实，并不是犹太民族比其他民族聪明，而是他们敢于挑战那些在他人眼中的“麻烦”。

在生活中，你可能听到过这样的抱怨：“我觉得那个主意很好，就是实施起来太困难了，我又不会魔法，还是放弃吧。”于是，这个人轻易地放弃掉了一个绝佳的主意和一个成功的机会。至于他提到的困难，或许他没有认真地想过：这件事情真的困难吗？能不能找到解决的方法？要知道，其实很多所谓的“问题”都不是问题，只是人们在找到答案之前就轻易放弃了。

两个经过长途跋涉的人，早就饥肠辘辘。此时，他们眼前出现了一个大院，而院中的天井里吊着一篮美味的水果。看到这样的情景，有一个人说："我们还是放弃吧，虽然我很想吃水果，但是篮子太高了，我们根本够不到。"另一个人没有说话，他想："虽然篮子很高，但既然是人吊上去的，我一定可以想到办法将篮子取下来。"

于是，这个人在院子中四处寻找，结果找到了一把梯子，最后轻而易举地将篮子取了下来，吃到了水果。

从这个故事可知：要敢于跨出第一步，才能找到解决问题的方法。其实，生活中的很多问题都没有我们想象的那么困难。就像古人曾认为飞上天是不可能办到的事情，而如今我们已经能够乘坐飞机来往于世界各地。也许找到解决的办法的确需要一段很长的时间，但是如果你没有勇气做，你就永远无法看到曙光。

不要让胆怯阻碍你的发展

犹太人常说："人生有无数的可能性，不去试一试，你就永远无法知道自己最适合什么。"犹太民族似乎格外喜欢"兼职"，如科学家变身成商人，画家变成建筑师等。因为他们认为，不要轻易给自己下定义，这样会限制自己的发展。犹太人常说，如果你因为自己将要面对一个未知的领域而感到恐慌，所以放弃做出改变的话，你就等于为自己关上了一道门，拒绝了人生的一种可能性。

犹太人阿西莫夫是一个科幻迷，他的梦想是成为一名科学家。然而，他好像对科学研究没有任何天赋。有一天，当他打字的时候，他突然想："虽然我不能成为一名一流的科学家，但是我可以努力变成一名一流的科普作家。"这个想法非常大胆，因为他从没接触过写作，而且很多人也不支持他的决定——一个理科生去写作？别逗了！

然而阿西莫夫并没有被这些人影响，他将自己所有的精力都放在科普创作上，并且坚定地相信通过努力，自己可以成为一名受欢迎的科普作家。最终，他写出了受人喜爱的作品，实现了自己的目标，成为最为著名的科普作家之一。

从这个故事中不难看出，阻碍你实现梦想的，不是寻梦道路上的艰难险阻，而是你自己的心。当你对自己说“我不行”的时候，你就扼杀了一切的可能性。无论在哪个时代，勇气都是一个成功者的必备品质，很多人都是依靠自己一往无前的勇气获得成功的。

冒险让胆小和懦弱无处藏身

当孩子扯着妈妈的衣袖说“妈妈，我怕黑”的时候，也许有些家长会温柔地安慰孩子，然后不让孩子一个人待在黑暗的地方。然而，这样做的坏处在于，可能过了若干年，这个孩子已经长大成人，他依然害怕黑暗，不敢一个人待在家。

犹太人会采取另一种方法：在稳定孩子的情绪后，告诉孩子黑暗其实没什么可怕的，甚至人为设置一些障碍，鼓励孩子战胜恐惧，战胜胆小和懦弱。

有一个犹太小男孩很怕陌生人，一见到陌生人，他就会害羞地躲到父母的身后。如果家里来了不熟悉的叔叔阿姨，他会马上躲到自己的卧室中。上学后，他也不敢和那些陌生的同学交往，总是一个人独来独往。

有一次，家里来了几个叔叔阿姨，男孩一直躲在卧室中，直到吃饭的时候才出来。吃完饭后，妈妈的一个朋友对男孩说:“你能不能给大家表演一个节目？”其他朋友也纷纷说好。男孩吓坏了，一直躲在妈妈身后，最后竟然吓得尿裤子。

妈妈很担心孩子，决定锻炼一下他的胆量。周末，爸爸在单位加班，只有男孩和妈妈在家。妈妈突然捧着自己的肚子说：“孩子，妈妈的肚子好疼！”男孩很慌张，对妈妈说：“那我们给爸爸打电话，让他赶紧回来。”“不行。”妈妈说，“来不及了，你去把邻居阿姨叫过来，请她帮忙。”男孩平日最害怕这个邻居阿姨了，每次见了她都会躲到妈妈身后。

看男孩站在原地犹豫不决的样子，妈妈说：“你再不去叫她，妈妈就疼死了。”男孩咬咬牙，终于去了邻居家。妈妈早就和邻居打过招呼了，邻居装模作样地看了一会，对男孩说："你妈妈没什么大问题，只要好好休息就可以了。"妈妈也趁机说："我好像没那么疼了。孩子，真是太谢谢你了。"邻居走后，妈妈问男孩："你不是害怕邻居阿姨吗？为什么敢去她家呢？"男孩说："我的确很害怕她，但是看到你那么难受，我也顾不得那么多了，而且我发现邻居阿姨也没有那么恐怖。"此后，男孩渐渐改变了自己的怯懦。

从这个故事中不难发现，让人们胆怯的事情，可能只是一只纸老虎。若你能大胆冒险一次，直面自己的恐惧，你就会发现，相比你的能力，那些让你恐惧的事情其实很弱小。

犹太人教子箴言

要做好一件事，仅有智慧是不够的，你还要带上一颗勇敢的心。你要用勇气的刀为自己开辟一条道路，再运用自己的智慧在这条道路上种上花草。

合理地拒绝别人，不被他人左右

拒绝自己无法办到的事情，既是对自己的帮助，也对别人的尊敬。拒绝并不意味着和对方作对，在大多数时候，合理地、艺术性地拒绝别人，比勉强答应别人的效果更好。

在生活中，我们常常遇到这样的情景：好友来找你帮忙，可是你没有时间和精力去做这件事，然而碍于面子，你只能应承下来，结果既耽误了你的时间，又没有真正帮助到好友。好友抱怨你不够尽心尽力，你又责备好友没有站在你的角度思考问题。

其实，之所以出现这个问题，是因为我们不懂得拒绝别人。在很多人看来，拒绝往往意味着对抗，越是关系亲密的人，越不容易拒绝对方。然而，不会拒绝别人的坏处在于，如果你不会表达自己的意见，那么别人也不会明白你的诉求，或许在你看来困难万分的事情，在别人眼中只是举手之劳。若你没有办好这些事情，就会影响你们的感情——别人会想："为什么这么点小事都不帮忙，他是否不将我当作朋友？"误会由此而生。因此，犹太人从小就被教育要学会合理地拒绝别人，养成不被他人左右的独立性。

不会拒绝别人就是给自己制造麻烦

犹太人常说："合理地拒绝别人，就是帮助自己。"犹太人深知，不会拒绝别人的人往往容易被小事绊住脚，久而久之，他们会成为别人眼中"很好说话的人"，别人会变本加厉地向他提出更多不合理的要求。那么，这些"老好人"是否感到开心？答案是否定的。在面对别人的不合理要求时，他们会感到郁闷、愤怒，但是他们不敢将这些负面情绪发泄出来，只能选择折磨自己，这会影响到他们的身体和心理健康。

亨利是一个善良的孩子，他的手头拮据，一天要打几份工才能维持生计。有一天，他的姑妈专门过来看他，亨利决定用自己一半的积蓄请姑妈吃一顿好的。

他们来到了一个装潢精美的餐厅。在餐桌上，姑妈不停地问亨利："我觉得这个蛋糕不错，我们再来份蛋糕好吗？""他们这儿的水果真新鲜，我们再点一份水果吧。"姑妈的要求越来越多，亨利的钱一下就花光了。"看来接下来的几周要饿肚子了。"亨利绝望地想。即便如此，他还是说不出那个"不"字。

一顿饭很快就吃完了，亨利准备结账。这时，姑妈拉住了他，说："其实我已经付过账了。"看着亨利吃惊的模样，姑妈又说："实际上，我每天晚上只需要喝一杯牛奶。亲爱的孩子，我这么做只想让你知道，拒绝别人的不合理要求很重要。"

从这个故事中不难看出，不会拒绝别人的人，实际上是在给自己制造麻烦，最后让自己陷入被动的境地。

犹太人认为，每个人都有希望被人尊重、被人接纳的欲望，因此我们可能会做出一些讨好别人的行为，如答应别人的所有要求。然而，在现实生活中，一个有原则、有自我的人，才能够得到别人真正的尊重。

学会拒绝是维护尊严的一种方式

犹太人常说："学会拒绝别人，是成熟的标志之一。"很多时候，人们之所以不敢拒绝，是因为不自信，害怕得罪别人。然而，很多人却不知道，靠讨好换来的关系十分脆弱，很难维持，人们也很难从这样的关系中得到养分。无论你是一个什么样的人，都要找到自己的自尊、自信。有时候，自信意味着"不盲从、不轻易顺从他人"。因此，犹太人常说："对那些提出无理要求的人，你要学会坚定地拒绝。只有这样，他们才能发现你的底线，开始尊重你，不会再轻易对你提出那些无礼的要求。"

哈利是一个刚刚进入职场没多久的新人，他的上司经常对他提出不合理的要求。比如：上司经常让哈利替他接送孩子；让哈利开两个小时的车为他的亲戚送东西。有一次，哈利正在休假，却接到了上司的电话："哈利，现在马上来我家，我们家的水龙头坏了，你来修一下。"当哈利说自己正在休假时，上司在电话里大骂道："这么点事情都不帮忙，你可真是个小心眼。"没方法，最后哈利只能去上司家。

在最开始的时候，哈利根本不敢拒绝上司。可是渐渐地，他发现，自己越是不拒绝上司，上司就越不尊重他。烦恼的哈利决定不能再这样下去。有一天，上司又让哈利替自己接孩子，哈利说："先生，我下班之后还有别的事情，不能帮你做这件事，以后你也不要让我做这样的事情了。"上司气得睁大了眼睛，正准备骂哈利，哈利却转身走出去了。这次之后，哈利惊喜地发现，上司很少叫自己给他帮忙了，对他的态度也尊敬了不少。

从这个故事中不难发现，合理拒绝别人其实是维护尊严的一种方式。当别人知道了你的原则之后，就会检讨自己的行为，不会对你提出不合理的要求。当你合理地拒绝了别人之后，你也会发现，拒绝并不意味着对抗，这只是合理表达自己情绪和想法的一种方式。

学会“艺术性”地拒绝别人

犹太人常说，真正的人际关系高手，从来不会生硬地拒绝别人的要求，也不会让别人感到难堪，因为他们懂得“拒绝的艺术”。

犹太人认为，凡事应该多为别人考虑，即使拒绝别人，也应该用别人可以接受的方式。古希腊哲学家说，在说最古老的字“不”和“好”时，我们应该进行最慎重的考虑。关于如何“艺术性”地拒绝别人，这里有个故事：

有一位拉比在当地的声望很高，因此，向他求救的人络绎不绝。从清晨开始，他们家的小巷子里就响起了脚步声，直到深夜都没有停止。甚至有人开玩笑说，这位拉比每个月都要换一次门，因为敲门的人太多了。

有一次，这位拉比得了重感冒，躺在床上起不来，实在无法接待求助的人。于是，他在纸上写了这样一段话：“我现在重病缠身，医生叮嘱必须静养，所以会客时间定在了下午四点半以后。如有不便，请大家多多谅解。”落款是“可怜的拉比”。拉比将这张纸条贴在了自己门前，当天果然没有人来打扰拉比，第二天还有人来探望他。

从这个故事不难看出，艺术地拒绝别人，不但不会违反自己的处事风格，还能得到别人的理解和支持。在犹太人看来，在人际交往中，幽默的语言有着不可替代的作用，它能活跃气氛、缓解尴尬。而用幽默的语言含蓄地拒绝别人，不仅不会伤害到对方，还能显示出自己的睿智。

犹太人教子箴言

不会拒绝别人的人，不仅会给自己带来麻烦，还会给别人留下“不真诚”的印象。因此，犹太父母经常对子女说：“学会合理地拒绝别人，不被他人左右，既是尊重他人的一种表现，又能帮助自己。”

在拯救别人之前，要先自救

犹太人一直都相信，只有先珍惜和完善自己，才会有能力去解救别人。他们认为，只有学会做自己的救星，才能在这个残酷的社会中生存下来。

“一个连自己都不爱的人，是绝对不可能爱别人的。”这是犹太人经常挂在嘴边的一句话。在他们看来，人活在世上，首先要为自己着想，努力地充实自己，学会更多的知识，积累更多的财富。只有自己足够强大，才有能力去帮助、解救他人。那些连自己的生活都过不好，却一天到晚想着去解救天下苍生的人固然可敬，但是他们并不会为这个社会做出很大的贡献。因此，犹太人常说：“仅仅拥有一颗善良的心是不够的，强大的能力才能真正地造福这个社会。”

在两千多年的流浪生涯中，犹太人饱受欺凌，他们没有家园，居无定所，没有人来保障他们的生命财产安全，只能靠自己。因此，他们养成了自己拯救自己的习惯。在他们看来，只有先做好自己，珍惜自己，才有可能去帮助他人，否则“拯救”就有可能演变成一场灾难。就像不会游泳的人去解救溺水者，不仅不能帮助他人，还可能丢了自己的命。

学会做自己的救星

这个世界是不公平的，犹太人比其他任何人都更能体会到这一点。为什么这样一个和善的民族，却成了某些人的“眼中钉”“肉中刺”，欲除之而后快？为什么我们从出生开始就注定了流浪的命运？也许犹太人曾这样感叹过。

在生活中，我们也会遇到各种不幸，而且很多不幸是我们自己难以把握的，如他人毫无根据的仇恨、贫穷的命运、突如其来的天灾等。对于这些不幸，犹太人从来不会期待英雄从天而降，也不会像一只鸵鸟一样，将自己藏在厚厚的羽毛之中，以躲避残酷的现实。他们会坦然面对无情的命运，就像面对恶龙的勇士一样，他们会积极地寻找方法自救，哪怕前路一片黑暗。

2000年10月，美国一位大自然爱好者尼尔巴特勒开着自己的越野吉普车，来到了无人的加拿大西部。他在雪地森林中散步，欣赏身边美丽的景色。突然，一件意想不到的事情发生了——一只捕熊器牢牢地夹住了他的一只脚。他跌倒在地，剧痛让他没有力气挣扎。他大声呼喊，却没有人回应他。更让他担心的是，一到晚上，这里的气温就会降到零下几十度，估计不到第二天，他就会被冻死。

怎么办？巴特勒决定自救。巴特勒从自己的袋子里摸出一把弹簧刀，先用雪给这把刀消毒；再将自己头上戴的棒球帽取下来，咬在嘴里，以防自己咬破舌头；最后咬咬牙，开始截肢。一个多小时后，他终于把自己从捕熊器中解救了出来。之后，他用打火机给伤口消毒，用布包扎好伤口。他用尽全力爬上吉普车，走之前还没有忘记带上自己的断肢。他驱车150千米，找到了一个医疗站。经过医生的抢救，巴特勒保住了生命，但他的那只断肢因为时间过长而无法接上，后半辈子必须靠拐杖行走，不过此后巴特勒还是一如既往地热爱着大自然。

从这个故事中不难看出，能够拯救你的是你自己。如果巴特勒将自己的命运寄托在别人身上，一味地等待救援，那么他失去的可能不仅仅是一只脚。有些人喜欢将未来寄托在虚无缥缈的幻想中，他们常常告诉自己“车到山前必有路”，然后被动地等待奇迹的发生。然而，当问题来临时，他们却发现，即使走到了大山前，也没有路可走，那座大山依旧无情地耸立着。看上去，是大山断绝了你的希望，实际上是你的不作为让自己无路可走。因此，犹太人常说："没有英雄会来拯救你，如果有英雄，那也一定是你自己。"

拯救别人之前先保护好自己

或许每个人心中都有一个"英雄梦"，希望像无所不能的超人一样拯救弱者，在他们最需要的时候出现在他们面前。对此，犹太人的看法是："在成为英雄之前，先看一看自己有没有成为英雄的能力。"那些为保护别人而牺牲生命的人值得人们钦佩，但是犹太人认为，只有在万不得已的情况下，才去考虑牺牲自己生命。那些拥有"牺牲生命，我就是英雄"想法的人，其实是愚蠢的人。

有一天，亨利和马克出去游玩。经过一条小河的时候，他们突然听到求救声。走近一看，原来是一个人被困在了河中心的小岛上。那个人对他说："在我游览小岛时，我的小船因为没有系牢，被风吹走了。我又不会游泳，被困在这里一天一夜，快要饿死了。"他们俩一看，发现那条小船就在离自己不远的地方，但是站在岸边却够不到，必须要游过去才行。

看到那个人奄奄一息的样子，亨利说："你不要害怕，我马上就来救你。"说着就要往河里跳。马克拉住了他，说："你才学会游泳，而昨天才下过雨，河中水流湍急，这样做很危险。"亨利回答道："那我们就不管这个人吗？你看他都快要支撑不住了。这条小船离我们不远，应该不会有问题的。"

马克摇摇头，说："要是你被河水冲走了，不是得不偿失吗？""那我们应该怎么做？"亨利问。马克想了想，说："我们可以寻求别人的帮助。""可这里根本没有人家啊。"亨利反驳道。"可能五千米以内没有，但是十千米之内一定有的。"马克说。

亨利却不赞同马克的观点，说："这只是你的猜测而已，要是我们找不到人，就等于对这个人见死不救。"说完，亨利跳下了河。没想到，河中的水流太过湍急，亨利差点被河水冲走，幸好有马克的帮助，亨利又回到了岸上。

等亨利休息了一会后，两人决定去寻求他人的帮助。两个小时后，他们找到了一家杂货铺，并与杂货铺的人一起将小岛上的人救了出来。“还是你更有智慧。”最后亨利钦佩地对马克说。

从这个故事不难发现，成为英雄不仅仅需要胆量，还需要智慧。一个只知道冒险冲锋的人，并不是英雄，而是莽夫。在拯救别人之前，应该保护好自己。在面对问题时，一往无前的勇气固然重要，但是也要拥有可以自保的智慧。假如每个人都像故事中的亨利一样，只凭一腔热血做事，结果不仅救不了别人，还会将自己推入危险的境地中。即使最后成为英雄，又有什么意义呢？假如真的想去帮助别人，就要先提高自己的能力。比如：你想拯救溺水者，就要提高自己的游泳技巧；你想成为一个除暴安良的警察，就要提升自己的体能，学习更多的知识。

犹太人教子箴言

“一个连自己都救不了的人，是无法拯救别人的。”这是犹太人经常挂在嘴边的一句话。一个人只能先成为自己的“救星”，让自己强大起来，才有可能成为别人的“天使”。

学会自我反省，让自己更成熟

一个人如果不会自我反省，那他很难对自己有清楚的认识。对自己的缺点视而不见，不明白自己的问题在哪里，这样的人是很难取得进步的。

犹太人认为，对自己进行自我反省是很有必要的。《塔木德》上说：“若你能反省这三件事，你就不会被罪恶所驱使。这三件事就是：从何处来，到何处去，将要在什么人面前算总账。”

犹太人的教义是，如果你能经常地反省自身的品质，那么你就能正确地认识自己。在犹太人看来，经常性地反省自己有很多益处。比如，当你对自己有一个正确的评价之后，你就不会因他人对你的评价而烦忧。如果他人对你的评价很高，你不会因此洋洋得意，因为你明白自己还有很多不足之处；如果别人对你的评价很低，你也不会感到沮丧，因为你知道自己的优势所在；别人不喜欢你也是正常的——你不是完美的人。因此，犹太人常说：“那些在任何情况下都从容不迫的人，往往是经常进行自我反省的人。”

通过反省发现自己的缺点

犹太人常说：“上帝在创造人类的时候，在他们前面放了一个袋子，后面放了一个袋子。然后，上帝将这个人的优点放在前面的袋子中，将缺点放在后面的袋子中。因而人们总能发现自己的优点，却对缺点视而不见。”

犹太人认为，即使是那些看上去完美无缺的人，其内心深处也有一些不易察觉的缺点，而这些缺点会驱使他去做一些危及自己和他人的事情。虽然缺点是无法被彻底消除的，正如世界上不会出现完美的人，但是我们却可以通过自我反省找到这些缺点，减少它们对我们的影响。

犹太人洛德尔有一个私人档案夹，标示着“我做过的错事”，里面都是他做过的蠢事的文字记录。这些文字大多是他自己写下来的，因为这里面的事情太傻，他没有脸面让秘书为自己记录。

洛德尔经常拿出那个装满“蠢事”的档案，认真地看他对自己的批评。虽然每次阅读这个档案，都会让他感到难为情，但是他还是将这个档案放在自己书桌最显眼的位置。因为他认为这个档案可以帮助他进行自我反省。

当别人向洛德尔请教成功的经验时，他说：“我有一个记事本，上面记录了我一天做的事情。每个周末，我都会打开这个笔记本，回顾这一周的工作。我会问自己：‘这一周我做得怎么样？’‘我当时做错了什么？’‘我有什么需要改进的地方？’‘从那次失败中，我能收获哪些经验？’虽然这样的‘检讨会’让我有点不舒服——我无法想象自己竟然犯了这么多错。但是这种自我反省的习惯让我受益匪浅，我通过这样的‘检讨会’避免了很多错误。”

自我反省的好处在于，我们能轻易地发现那些能够“置人于死地”的缺点。通常来说，这些缺点都善于伪装，不易察觉，就像最高明的忍者一样，悄悄地潜伏在你的性格中，趁你不注意时毁掉你的生活。只有通过自我反省，你才能发现这些“狡猾”的缺点，发现我们为自己设下的陷阱。因此，犹太父母经常对子女说：“自我反省是最有利的工具，它能让答案显现出来。”

一个人每天至少要自我反省三次

我们常说，一个人每天至少要反省三次才不会迷失自己。反省是一种认识自我的能力，它是对自己的思想和行为做出深刻的思考，它要求我们自己主动发现我们有哪些地方做得不对或者哪些地方没有想明白。

对于那些没有做对的地方，我们会认真思考错在哪，分析正确的方法是什么，从而提高自己的能力。对于那些没有想明白的地方，我们会求助于长辈或有智慧的同龄人，理清自己的思维。此外，我们还重视对品行的反思。在我们看来，事情的结果远没有事情的过程重要。如果自己用了不合理甚至违法的手段，就算取得了理想的结果，也不值得高兴。因为这只能让我们一时得益，从长远上来看，其实没有任何好处。

犹太人之所以能够不断地取得进步和成绩，很大程度上就是因为他们能够进行自我检讨和反省。不论是在学习生活中，还是在生意场上，他们都能做到不断地进行自我反思，发现缺点就立即修正。

在一次战争中，外国军队侵占了犹太民族居住的地方，虽然犹太首领率众奋力抵抗，但最终还是战败了。看到这样的结果，很多犹太人都很不服气，坚持要作战到底。这位犹太人首领却说：“你们马上放弃进攻！按常理来说，兵多地广的我们应该获得胜利，但是我们失败了，这说明我们的战略和战术存在问题。因此，我们不能再按原来的战略行动了，应该停下来，反省失败的原因。”此后，这位犹太首领每天都在反省，思考这场战役失败的原因。反思出原因之后，他开始减少自己的吃穿用度，发展民生，重用有才能的人，提拔有品德的人。一年后，外国军队再次侵扰这个犹太民族居住的地方，而在这次战役中，犹太人战胜了敌人。

犹太人常说，一个不懂得反省自己的人，一定是一个喜欢将失败当作下饭菜的人。如果发现了自己的错误不知道悔改，下次面对同样的问题时，还是会犯错，这样就很难提高自身。发现了自己不良的品行而不去改变，就会让自己一步一步走进罪恶的泥沼。正如一句犹太人谚语：“最初的汪洋大盗，也只是一个偷拿邻居家糖果的孩子。”

犹太人教子箴言

没有人能够一步登天。那些获得成功的人，都是通过不断地修正自己，改正自己的缺点，才让自己成为一个值得学习和敬佩的人。

坚持下去，你就能获得成功

在面对困难时，有些人会选择放弃，有些人会选择继续坚持。虽然继续坚持的人不一定能得到理想的结果，但是轻易放弃的人的结局早就已经写好了，那就是失败。

犹太人认为，只要拥有两个品质，你就能获得成功，这两个品质就是坚持和忍耐。大多数人之所以失败，就是因为他们没有坚忍不拔的决心和毅力。一旦遇到困难，他们就开始退缩，甚至给自己设限："这条路太难走，像我这样的人，又怎么能取得成功呢？"因此，他们失去了成功的机会，变成了一只只会将头藏在羽毛中的鸵鸟。

犹太父母经常对子女说："没有谁的道路是一帆风顺的。假如你在看到闪电时开始退缩，那么你就不会看到雨后的彩虹。"有的人总是喜欢哀叹："为什么我的命这么苦？为什么我付出了如此多的努力，还是得不到想要的结果？"他们之所以这样哀叹，是因为他们没有意识到，没有人可以做到"一点即通"，那些看上去聪明绝顶的人也要付出时间和精力才能成功。犹太人常说："成功之路上布满荆棘，只有那些能够坚持下来的人，才能看到最后的风景。"

不要让之前的努力白费

放弃是再简单不过的事情。对那些意志薄弱的人来说，别人的一句"你不行"就能让他们全军覆没。犹太人从不鄙视轻易放弃的人，因为他们知道，坚持走完一条看上去没有前途的道路需要多大的勇气。然而，犹太人却不会允许自己成为这样的人。因为他们明白，一旦宣告放弃，为这件事情所做出的努力就白费了，也提前为自己书写了失败的结局。

这是一个淘金时代，无数身无分文之人来到美国，靠采掘黄金变成了富翁。青年农民鲁宾就是淘金大军中的一员。他卖掉了自己所有的家当，来到美国的科罗拉多州寻找黄金梦。他围了一块地，用十字镐挖掘黄金。他的运气不错，经过几十天的挖掘，他看到了金矿石。然而，若想继续挖掘，他就必须弄来更先进的机器，而这些机器都不便宜。

但是鲁宾此时完全不在意这些，他认为只要自己能继续开采，就一定能成为一个大富翁，这些小钱也不算什么。他悄悄把金矿石藏好，回到故乡，四处借钱购买机器。一个月后，他带着自己千辛万苦弄到的机器回到了科罗拉多州。然而，当他继续开采后，发现金矿石附近不过是一些普通的石头。鲁宾得出一个结论：这里的金矿已经枯竭了，自己所做的一切都是徒劳。

钱都花光了，而他身上还欠着一大笔债，他的精神压力越来越大，最后把机器卖给收废品的人，灰心丧气地回到了家乡。后来，那个收废品的人请一个矿业工程师来到鲁宾掘金的地点进行勘察，发现只要再挖1米，就会遇到金矿。这个收废品的人继续往下挖，最终遇到了大量金矿，成了百万富翁。鲁宾在报纸上看到了这个消息，追悔莫及。

有的人之所以能取得成功，不是因为他们比其他人更聪明，而是因为他们比其他人更有耐心。他们能忍受风雨，自然就能看到美丽的彩虹；他们能忍受黎明前的黑暗，自然就能享受阳光的温暖抚慰；他们能挺过最糟糕的一天，自然就能迎来最美好的一天。

能坚持的人无往不胜

在两千多年的流浪生涯中，犹太民族遭受到很多磨难。毫不夸张地说，有一段时间犹太人等同于身处地狱。然而犹太人并没有从历史上消失，而是走出了那段黑暗的时期，用自己的双手创造了巨额的财富，成为备受人们尊敬的民族。犹太人之所以能做到这些事情，其中一个很大的因素就是因为他们不会轻易放弃。一旦寻找到了正确的道路，他们就会坚持下去，无论前路有多艰难。

在成功的犹太人中，有很多人的道路并非一帆风顺。他们曾经意气风发，是年轻商人的代表，也曾在最得意的时候面临破产的危机；他们品尝过生活的甜，也品味过人生的苦。即使他们失去了全部的财产，他们也不是失败者。因为他们有坚韧不拔的意志，而凭借着这种精神，他们依旧能成功。

工作十年之后，威廉·詹姆斯决定创业，此时他已经是公司的高管。朋友们并不赞同威廉的决定，他们觉得这样做太冒险。“你小心失去所有的积蓄！”一位朋友劝告他。正如朋友料想的那样，威廉的创业之路并不顺利。在创业之初的头六个月，他就把自己所有的积蓄花得一干二净。他不得不住在办公室中，因为他付不起房租。

然而，他依旧坚持着自己的梦想，放弃了几个不错的公司向他递出的橄榄枝。在创业的头几年，他听到的最多的话就是“不需要”。在那段日子中，他每天都要思考如何将公司支撑下去，这比他曾经的高管生活要艰苦多了。虽然日子过得很辛苦，但是他没有一句怨言，他经常说：“这是生活给我的考验，虽然现在的竞争很激烈，生意不好做，但是我还是要继续下去。”

最终，他成功了。在创业十年后，他的公司已经成为业界的领头羊。威廉·詹姆斯，每当听到这个名字，人们都会竖起大拇指，说：“这可是个成功的商人啊。”他的公司成就非凡，他再也不用出去向别人推销，因为客户会自己找上门来，而他现在听到的最多的话就是“是的，我们需要”。

从这个故事可知：苦难和低谷是一时的，如果你能不断地学习，继续往下走，你就能破开苦难的迷雾，走出人生的低谷，品尝到胜利的果实。

在人的一生中，遇到起伏波动是很正常的事情，也许你去年还是一个大富翁，但今天你已经成了一个穷光蛋。即使你是生意奇才，也有可能失手，失去所有的积蓄。

因而，犹太人的成功秘诀并不是上天赐予他们的经商头脑，而是坚持不懈、持之以恒的精神，就像他们经常挂在嘴边的那句话一样：“人的一生是一个漫长的努力过程，是磨炼我们各个方面的过程。”如果你没有意识到人生并不会一帆风顺，没有准备好迎接生活中的风雨，没有坚持到底的决心，那你极有可能与成功失之交臂。

犹太人教子箴言

“坚持到底，永不放弃！”这是很多成功的犹太人挂在嘴边的一句话。在这些人看来，成功并没有什么秘诀，只要你能坚持下去，不被生活中的风雨吓退，你就能取得成功。

遵循规则：信守承诺是最好的习惯

犹太人被誉为“天生的商人”。在他们看来，最大的本钱不是黄金、汽车、房产，而是信用。犹太人已经习惯做任何事情都要签订契约，遵守契约早已成为了犹太民族个性的一部分。犹太人从不做不诚信的事，因为他们认为，一个人丢了信用，就意味着失去了一切。

无端欺骗别人就是害自己

犹太人常说，无端地欺骗别人，看上去可以获取利益，实际上是在害自己。因为这会使你失去别人对你的信任，而一个没有信誉的人，是很难在社会上立足的。

犹太人认为，为人处世的第一要务就是诚实。若是将一个人比作大树的话，那么诚实就是他的根，是他立足这个世界的根本。《塔木德》上也说："诚实可以给你带来好运，靠欺骗赚钱总有倒霉的那一天。"

在我们生活中，欺骗别人以达到自己目的的事情屡见不鲜。比如：孩子欺骗父母，说自己完成了家庭作业；商人欺骗顾客，说自己的商品质量合格；纳税人欺骗税务局，说自己已经缴了税。对有些人来说，欺骗别人是一件性价比很高的事情，因为在很多时候，那些不假思索的谎言可以省去很多麻烦。

然而，他们却不知道，欺骗别人看似可以给自己带来便利，实际上会带来很多麻烦。比如：当父母发现孩子的谎言之后，很可能会惩罚孩子，而且以后也不会信任孩子；商人要是总是弄虚作假，就会失去自己的客户；逃税漏税的人最终会被法律制裁。因而，犹太人常说："无端欺骗别人，害人也害己。"

欺骗别人，最后害的是自己

在那些善于撒谎的人看来，能够欺骗别人的人是聪明的、机灵的，因为他们总能发现生活中的“捷径”，当别人为一件事情苦苦奋斗的时候，他们只需用几句话就可以解决。然而，犹太人认为这些只会玩“小聪明”的人是极其愚笨的，因为他们虽然得到了自己想要的东西，却把自己的信誉丢了，最后害的人是自己。

在塔诺普尔城住着一个叫费威尔的人。有一天，他在屋子里看书，突然听到窗外一阵嘈杂声。他推开窗子一看，原来是一群孩子在他的窗前玩耍。为了不打扰自己看书，费威尔对这些孩子说：“孩子们，你们还不去教堂看热闹，那里有一个海怪，它有5只脚，3只眼睛，山羊一般的胡子，不过它的胡子是绿色的。”

一听这话，孩子们立刻就跑走了。费威尔又回到了自己的座位上，想到自己说的话和孩子们信以为真的模样，他不禁暗自得意。可是没过多久，他的宁静就被打破了，他的窗外不断出现跑步声。费威尔推开窗子，看见几个人在跑。

“你们在干什么？”费威尔问。“去教堂！”有一个人回答道，“你还不知道吗？听说教堂那里有一个海怪，它有5只脚，3只眼睛，山羊一般的胡子，不过它的胡子是绿色的。”

听到这个回答，费威尔暗自发笑，又回到了自己的座位上。不一会，他的窗前又热闹起来了，这次不仅有跑步声，还有笑闹声。费威尔推开窗一看，不得了，有一大群人都在往教堂的方向跑。

“你们要干什么？”费威尔大声地问。“天啊，你还不知道吗？”一个人回答说，“教堂来了一个海怪，它有5只脚，3只眼睛，山羊一般的胡子，不过它的胡子是绿色的。”他们都被我骗了，费威尔得意地想。正当他暗自得意时，他发现一位拉比也在人群中。

“天啊！”费威尔想，“要是拉比也跟着他们一起跑的话，那一定发生了什么重要的事情。”于是，费威尔抓起帽子，离开了家门，也跟着跑了起来。“出什么事了？”他一边气喘吁吁地跑，一边想。一个不留神，费威尔摔了一跤，他嘴巴磕破了皮，帽子也掉了，看上去狼狈极了。不过他顾不上这些，爬起来继续跑。等他到教堂的时候，发现教堂根本没发生什么重要的事情，他被自己欺骗了。

从这个故事不难看出，诚实才是立足世界之本，欺骗不仅会给别人带来麻烦，还会给自己带来灾祸。

犹太民族虽然精明，但是从不欺骗别人，即使要谋求更多利益，也是在谈判桌上合理、合法地向对方争取。犹太人深知，欺骗别人固然可以给自己带来短暂的利益，但是一旦丧失信誉，我们也很难在这个世界上立足。

犹太人教子箴言

《塔木德》中有很多规定，其中明确禁止带有欺骗性的宣传手段或营销方式。比如："在定价时，如果卖主欺骗买主不清楚行情，而使价格高出一般价格的10%以上，那么这桩交易无效。"

一诺千金：一定要实现自己的诺言

犹太人认为，说过的话就一定要兑现，即使实现诺言会让自己蒙受损失。一诺千金是一种必须要拥有的品质，相比诚信，私利根本不算什么。

犹太先知曾说，人类早晚会迎来世界末日，那时，每个人都要接受大审判。那些在世界上做了好事的人，死后会升入天堂，而无恶不作的人，其灵魂会被打入地狱。那么，如何判断这个人是不是好人呢？犹太先知给出了这样五个问题：第一，你在做生意的时候诚实吗？第二，你用尽一切时间学习了吗？第三，你尽力工作了吗？第四，你希望自己的灵魂得到救赎吗？第五，你参与过关于智慧的争论吗？

犹太先知将是否诚信放在学习、工作、信仰和智慧前面，可见犹太人对诚信的重视。因此，犹太人常说："唯有诚实正直才是生存处世的最高法则。"

不讲诚信的人会受到上天的惩罚

《塔木德》中有这样一句话："鱼离开水就会死亡，人没有礼仪也无法生存，那些不讲诚信的人迟早会受到炼狱的惩罚。"在犹太人看来，一诺千金并不仅仅只是为了维护自己的名誉，更重要的是不轻易辜负他人的信任。

一位姑娘外出游玩，不小心掉进了枯井中，正好有一位青年路过，将她从枯井中救了出来。姑娘为了报答青年的救命之恩，决定嫁给他。虽然定下了婚约，却没有证婚人。他们看到了一只黄鼠狼，青年便笑着说："我们就将这只黄鼠狼和这口枯井当作证婚人吧。"姑娘点头答应。

立下誓约后，青年继续自己的旅行，而姑娘回家等待。没想到，正当姑娘痴心等待时，青年却在其他的地方与别的姑娘结了婚，还生了两个小孩。原来，青年已经将姑娘忘记了。没过多久，青年的两个小孩纷纷发生了意外，一个被黄鼠狼咬死，一个失足掉进了枯井中。

青年终于想起了与姑娘的婚约，他悔不当初，与妻子离了婚，回到了等待他好几年的姑娘身边。

这是记载在《塔木德》中的一个故事，虽然这个故事是虚构的，但是由此可见犹太民族对诚实守信的重视。这个故事的宗旨在于告诫那些喜欢背信弃义的人：如果你总是置契约于不顾，最后一定会受到上天的惩罚。

不要因蝇头小利而失去信任

犹太父母经常这样教育孩子："如果你总是对别人不够诚信，那么时间一长，你就会失去别人的信任。到最后，即使你说的是真话，也没有人愿意相信你。”

在生活中，你可能看到过这样的情景：有的人说了一万句话，但是没有人愿意相信他；而有的人只说了一句话，人们却对他说的事情深信不疑。这就是诚信的力量。如果你经常给别人开“空头支票”，那么时间一长，你就会失去别人的信任；相反，如果你言出必行，那么即使你说的话有些不合常理，人们也会相信你。

有一天，一位犹太商人坐船过河，没想到在过河途中，这艘船突然被湍急的水流掀翻了。这个商人不会游泳，所幸他在翻船时抓住了一根大麻秆。他紧紧地拉住麻秆，大声地呼救。有个船夫听到了他的呼救声，撑着船来到了他身边。商人看见了“救命稻草”，急忙大喊：“我是本地最富有的商人，如果你能救我，我就给你很多金子！”

听到这句话后，船夫赶紧将商人救了上来。没想到上岸后，商人却不承认自己刚刚许下的诺言，只给了船夫10块金子。船夫说商人不守诺言，商人却轻蔑地说：“你就是个船夫，一辈子也挣不了多少钱，10块金子还不满足吗？”船夫虽然很气愤，但也没有办法，只好离去。

没过多久，商人又经过那条河，没想到船又翻了。他大声地呼救，附近的船夫想救他，但是那位被他欺骗的船夫却说：“那就是那个说话不算话的人。”结果没有人愿意去救商人，商人就这样被淹死了。

在人际交往的过程中，你或许会在不经意中许下诺言，也许在你看来这些诺言并不重要，但是一旦这样的小事积累起来，你就会失去别人的信任，这可比丢失黄金要严重得多。

犹太人的经商秘诀就是诚信

作为“世界第一商人”，犹太人擅长与各种各样的人打交道。平心而论，犹太民族并不算一个强大的民族，然而在两千多年的流浪中，犹太人没有被其他民族同化或消灭，而且还能让这些民族的人尊敬他们，心甘情愿地从口袋中掏出钱，你知道为什么吗？因为犹太人诚信经商，重信守约，从不开“空头支票”，一旦签订了契约，就一定会去履行。

1958年，美国的一家石油公司向日本的藤田先生订购了3万把餐刀和叉子，交货日期为9月1日，交货地点是芝加哥。藤田先生知道这家石油公司是犹太人的公司，清楚他们对契约的重视程度，不敢怠慢，马上请厂商赶制。

藤田先生的计划是8月1日从横滨出港，那么9月1日前一定可以抵达芝加哥。然而厂商却告诉他，因为某些原因他们不能按时交货。藤田先生大发雷霆，他知道犹太人十分重视契约，厂商却不以为然地说：“不就迟了几天嘛，对方不会发火的。”

厂商一直拖到8月27日才交货，即使轮船再快，这批货品也不能在9月1日前交货。没办法，藤田先生只能租用价格昂贵的飞机。最终，藤田先生按照合约要求，9月1日在芝加哥交货。在交货时，犹太人只说了一句：“听说你租用了飞机，真了不起！”却没有提到飞机的租金。

第二年，这个石油公司又向藤田先生订购了6万把刀叉。没想到厂商又违约了，不得已，藤田先生只能再次租用飞机。这次犹太人依旧没有提到飞机的租金，只说了一句：“能按时交货，很好！”

对藤田先生来说，虽然两次租用飞机让他蒙受了巨大的损失，但能获得犹太人的肯定就足够了。但是他没想到，这两次行为让他取得了犹太人的信任。不久之后，几乎所有的犹太商人都知道藤田先生是个言而有信的人，订单像雪花一样飞来，他的生意越做越大，他也获得了“银座犹太人”的雅号。

从这个故事中不难发现：诚信经商是商人最大的善，也是商人的资源。那些诚实守信的商人或许会吃点小亏，但他的行为却赢得了众人的信任和尊重，那些被他的道德品质折服的人会主动成为他的生意伙伴，这也是犹太人获得巨额财富的生命之源。

犹太人教子箴言

《塔木德》中有这样一句话："你们不可行不义，要用公道天平、公道砝码、公道升斗、公道秤。"犹太父母也经常这样教育子女："你不可轻易许诺，一旦许下诺言，就一定要实现。"

规则让我们井然有序地生活

犹太民族是十分重视规则的民族。犹太人认为，规则可以让社会井然有序地运行，能够保证生活的高效率，因此他们从小就培养孩子的规则意识。

犹太人从小就明白规则对人类有多么重要。如果没有规则，人类就像原始社会的野蛮人，一切行为都遵循自己的原始冲动。偷盗、抢劫、杀人放火，这些罪恶会像瘟疫一般蔓延开来。那时，别说发展，人类连自己的生命财产安全都无法保证。

犹太人从小就被教导一定要知道三件事情：领导者是谁，需要遵循的规则是什么，将来由谁来执行这些规则。久而久之，他们就产生了规则意识。在做一件事情之前，犹太人会先了解这件事情的规则，然后严格按照规则来执行。甚至有人说："犹太民族可能是最守规则的一个民族。"

规则让我们的社会变得井然有序

或许有人会嘲笑犹太人太过古板。"只要不伤害他人的利益，违反规则也没什么。"有人这样说。于是，在等红绿灯时，他们看到没有车辆经过，也不管此时还是红灯，就开始过马路，甚至有人在车辆如流的时候成群结队地过马路。

“看到那么多人，司机就停下来了。既然谁都没有受伤，又何必太在意规则。”面对别人的质疑时，他们如此反驳。

然而，他们没有发现，不遵守规则不仅会让这个社会变得混乱，也会影响到他们的安全。比如：成群结队地过马路，固然可以让司机停下来，但是这会造成交通拥堵，给更多的人带来麻烦。而且，万一某个司机没有察觉到行人，或是来不及踩刹车，就会造成人员伤亡。

犹太人认为，规则可以让我们的社会变得井然有序。当每个人都遵守规则，按照规定做事情，那么这个社会就会变得更加的高效率，得到更快地发展。

有一辆拥挤的公交车驶进了站台，车门一打开，站台上的人就一窝蜂地向车上涌。年轻力壮的人自然冲在了前面，年老体弱的人只能落在后面。要下车的人被刚刚挤上来的人堵在了车门口，只能干着急，要上车的人却因为车门太堵而上不来。公交车关上门，继续往前行使，人们摇摇晃晃，年老的被挤得说不出话来，看上去马上就要晕倒，年轻的因为自己被踩而破口大骂。大家就这样挤着、骂着，来到了另一个站台。

这个站台的人和上个站台的人不一样，人们都老老实实地排队等待。等车门打开后，他们也是遵循先下后上的原则上车。就这样，要下车的人成功“逃离”，这让公交“轻松”了不少，人们也不再挤在门口，车内也没有那么拥挤了。上车后，年轻的人为年老的让座，一切井井有条。

从这故事中不难看出，规则可以为人们的生活提供便利。因此，犹太人常说：“一个井然有序的社会，是由一群遵守规则的人创造的。”

犹太人教子箴言

不知道规则为何物的人，也不会有什么大成就，因为他们不知道如何约束自己，也不会为他人着想。虽然他们的本意是为了走捷径，但是实际上他们为自己带来了更多的麻烦。

明白契约的价值，严格履行契约

犹太民族又被称为“契约民族”，因为他们极为重视签订契约和守约。犹太人常说：“我们的存在，是履行和神签订的契约。”犹太人之所以不毁约，是因为他们认为契约是神签订的条约，不可违反。

有人说，犹太人的经商史，就是一部有关契约的签订和履行的历史。还有人说，世人之所以如此信赖犹太人，就是因为他们知道，犹太人一旦签订了契约，就一定会执行，即使这会让自己承担一定的风险。

犹太人从小就接受《塔木德》的教导，上面明确地说：“毁约就是亵渎上帝，毁约者一定会得到应有的惩罚。”因此，他们懂得遵守契约的重要性，无论面对多大的困难，犹太人都会维护契约。他们认为，遵守契约、维护契约，可以保障双方的利益不受侵害，这个世界时时刻刻都在发生变化，而契约的内容却不会发生太大的变化，这也是犹太人能在变化无穷的商界找到一席之地的原因。

将维护契约、遵守契约当作一种义务

对犹太人来说，维护契约、遵守契约不仅仅是生意场上的一种策略和手段，而是一种义务。很多人表示，和犹太人打交道是一件很简单的事情，因为只要和犹太人签订了一个合法公平的契约，那么这桩生意就没有后顾之忧了。对于不遵守契约的人，犹太人会严格地追究其责任。对于不遵守契约的犹太人，他们会将其驱除出犹太人商界，让他背负一生的骂名。因为在犹太人看来，一个“亵渎上帝”的人不是一个真正的犹太人。

有一个犹太老板和雇员签订了契约，上面明确规定雇员为老板工作，老板每一周发一次工资。但是老板不会支付现金，而是雇员从附近的一家与老板也签订了契约的商店购买等价的商品后，老板为雇员结清货款。

过了一周，雇员过来对老板说："商店的店主说没有现金就不能购买商品，所以你还是给我现金吧。"没过多久，商店的店主也跑了过来，对老板说："你的员工已经拿走了我的东西，请你帮他结清货款吧。"雇员和店主都说对方撒了谎，但谁也不能拿出证据来。没办法，老板只能付了两份开销。

在这个故事中，老板因为同时与雇员和店主签订了契约，所以即使他知道有一方故意撒谎，他也按约支付了款项。或许在有些人看来，犹太老板的这种做法有点傻，因为明明知道是陷阱，却还要掉下去。这其实就是犹太人的经商智慧。虽然吃了这一次亏，但是既保住了自己的信誉，又发现了契约中的问题，得到的远远多于失去的。

严格履行契约中的内容

在签订契约前，犹太人会仔细地思考契约中的每一项内容，会与对手讨价还价。这体现了犹太人对契约的重视。在犹太人看来，在签订契约前，一切都还没有确定下来，还有商量的余地。在此时，商人应该反复确认自己的合法权利是否被侵犯，并且为自己谋求应得的利益。而一旦契约签订，商人就应该严格地按照契约来做事。虽然在有些人的眼中，这种做事方法有点古板，但是其实这可以最大限度地保护契约双方的权利。而这种作风，也受到了商界的一致肯定，甚至成为了犹太人行走于商界的"利器"。

有一个日本出口商与犹太商人签订了10000箱蘑菇罐头的合同，合同上规定：每箱20罐，每罐100克。然而，这位日本出口商在装货时，却装了10000箱150克的罐头。按常理说，日本商人交付的货物比合同中的多，犹太商人应该没什么可抱怨的。

然而，犹太商人却拒绝收货。日本商人说多出的重量不需要犹太人再支付货款后，犹太商人依旧不同意，甚至提出要日本商人支付赔偿。没有办法，日本商人最后不仅赔了几万美元给犹太商人，还要将货物另做处理。

或许在有些人看来，犹太商人的做法有些不近人情，但这正是犹太人重视契约的表现。犹太人认为，契约的存在，不仅仅表示双方是合作伙伴，还为合作双方提供了具体操作的流程。如果合作双方不能按照契约来做事，那么契约就犹如一张废纸，起不到任何作用。而失去作用的，不仅仅是契约，还有商人的信誉。

对自己不利也不能违约

《塔木德》上说："立过誓言的事情，就算对自己不利也不能违约。"犹太人认为，一旦签订了契约，即使履行契约会损伤自己的利益，也不能违约。"契约大于天。"

奥利斯刚刚毕业的时候，是一个彻头彻尾的穷光蛋。他到处筹集资金，但没有人愿意相信这个没有丝毫经验的大学毕业生。直到有一天，他遇到一个商人，商人对他说："我可以借钱给你，但是如果你成功了，你要给我你公司的20%股份。""没问题，先生。"奥利斯说。于是，在签订契约之后，商人给了奥利斯一笔可观的钱。

奥利斯的创业之路并不顺利，在最开始的时候，他一直被人否定："你换个行业吧，这里不适合你。""这个行业已经饱和了，你无法在这里占领一席之地。"但是奥利斯没有轻易放弃，他不断地学习知识，改进自己的经商策略。

20年后，奥利斯已经是个成功的商人了，他一直都没有忘记那个借钱给自己的人。然而，当他寻找到那位商人时，发现那位商人早就破产了，并且于10年前离开了人世。"现在没有人知道这件事了。"奥利斯的一个朋友说，"如果你于心不安的话，可以送点钱给他的家人。"奥利斯说："既然签订了契约，我就要履行自己的承诺，不能违约。"奥利斯找到了商人的孩子，并给了他20%的股份，这些股份可比当年的那些钱要值钱多了。

别人都笑奥利斯傻，但是奥利斯却说："一个违约的人，不值得信任。虽然这让我损失了一些钱，但是却留住了我的信誉。"这件事情传开后，人人都赞扬奥利斯，还有大公司主动找上门来，要和他合作。

犹太人认为，做生意的精髓在于契约。犹太人一旦签订契约，就算会损害自己的利益，也绝不毁约。犹太人明白，维持契约、遵守契约，不仅仅可以留住这桩生意的生意伙伴，还能在你陷入低谷时给你必要的支持，保证你有足够的人脉关系，带给你东山再起的机遇。

犹太人教子箴言

"契约是神签订的条款。"犹太父母经常这样教育子女。犹太人认为，契约不仅仅是一张具有法律效力的纸，它还是神圣的、不可侵犯的。想要得到他人的信任，就要学会遵守契约。

遵守契约的同时要学会利用契约

犹太人常说："契约是神圣不容侵犯的，我们必须严格地履行契约。然而，正如世界上没有完美的人一样，即使是再坚固的契约，也能找到突破口。我们不会违背契约，但是可以利用这些突破口达到自己的目的。"

每个犹太人都明白遵守契约的重要性。"契约是神缔造的，违背契约就等于亵渎神灵。"犹太父母经常这样教育子女。虽然犹太人遵守契约，极少违约，但是他们又能在遵守契约的前提下，充分地利用契约的空间，达到自己的目的，为自己争取更多的利益。

契约要考虑的是合法而不是道德

在犹太人看来，只要契约是在双方完全自愿的情况下签订的，就是合理的契约。即使契约不公平，也只能由吃亏的一方自己承担。因此，他们常说："签订契约，要考虑的是合法而不是道德。"

在生活中，我们常常看到这样的情景：在签订契约时过于大意，或太过轻信对方，导致契约中出现了很多不公平的条款。在发现这些不公平后，吃亏的一方就闹着要重新签订契约，甚至以道德作为武器，批评对方是一个"冷漠自私的人"。在犹太人看来，这种行为合情但不合理。犹太人深知，任何一种条款都有漏洞，要想不吃亏，就得事先考虑周全，否则就只能自己承受损失。

有一天，一位犹太人和他的美国朋友在一起吃饭。看到美国人兴高采烈的样子，犹太人问："你为什么这么高兴？"美国人笑着说："因为我马上就要拿下一个大订单了。只要做完这桩生意，我就能成为一个大富翁了。"犹太人问他是怎么弄到这笔订单的，美国人回答道："我舅舅给我介绍了一个朋友，这个朋友十分豪爽。"之后将那个人的名字告诉了犹太人。

"我听说这个人十分狡猾，在和他签订合同的时候，你一定要小心。"犹太人早就听说那个人喜欢在合同里做手脚，所以好心提醒自己的朋友。美国人却一点也不在意，说："那可是我舅舅的朋友，看上去也很和善，应该没什么问题。而且我仔细看过合同了，那是一份合理的合同。"

几个月后，美国人找到犹太人，沮丧地说："生意做完了，可是我现在一分钱都拿不到。那个人在补充合同中写，只需在30年内支付给我款项就可以了，可我根本没看补充合同！"

从这个故事中不难看出，在任何情况下，签订契约都是一项严肃认真的事情。如果要保证自己的合法权利，为自己谋求更多的利益，就要在契约签订之前考虑周全。否则，即使这份契约对你来说十分不公平，但是只要它符合相关法规，你就要履行契约中的内容。

巧妙灵活地签订契约

对犹太人来说，为自己争取利益是一件再正常不过的事情。只要要求符合相关的法规，犹太人就能够在签订契约的时候提出来。然而，即使是口才超群的谈判者，也很可能会被对方拒绝。每个人都有自己的诉求，契约无法满足所有人的愿望。那么，在面对这种无法达成一致的情况时，犹太人会怎么做呢？他们会创作性地通过契约达到自己的目的。

有一位富翁马上就要去世了，但是此时他身边没有一个亲人，唯一的孩子还在遥远的耶路撒冷，一时半刻无法赶回来。于是，富翁把自己的奴隶叫到身旁，对他说："在我死后，我的全部财产都归你所有，其他人不得动用，只有我的孩子可以任选一件为他所有。"

在这位富翁去世后，奴隶开心地赶往耶路撒冷，向富翁的孩子报丧，并把遗嘱拿给他看。看到这样的遗嘱，孩子大吃一惊，不知道为何父亲要这样做。

回到故乡，为父亲办完丧事后，孩子依旧不理解父亲的决定，于是满腹牢骚地向一位拉比诉苦。没想到，拉比在看完他父亲的遗嘱后，大赞他父亲足智多谋。

孩子问："父亲为什么要将积攒了一辈子的财富留给奴隶，而只给我留一件东西呢？"拉比笑着说："其实你父亲将所有的东西都留给了你。你想一想，当时只有奴隶一个人在你父亲身边，奴隶很可能在你父亲死后带着财宝逃走，那时候你一分钱都拿不到。然而，如果你父亲将财产都送给奴隶的话，奴隶不仅不会逃走，还会去给你报丧。"

"可是现在奴隶得到了所有的东西，我只能从中选择一样东西而已。"孩子说。拉比摇了摇头，说："你不知道奴隶就是主人的财产吗？你只要选择奴隶，就可以得到父亲全部的财产了。”孩子恍然大悟，转忧为喜。

从这个故事中不难看出，巧妙地利用契约，可以让我们既不违反有关的法规，又能实现自己的目的。

犹太人认为，一个人是否能真正地主宰自己的命运，很大程度上取决于他是否是一个智慧的主体。想要在这个充满挑战的社会中生存下来，并且取得成功，你就要学会遵守契约，并且灵活地运用契约。

犹太人教子箴言

既然契约是人制订的，就一定能找到它的漏洞。想要维护自己的利益，我们就要在签订契约之前考虑周全，否则只能自己承担损失。同时，我们要明白，既然契约是为人服务的，那么人也可以灵活地利用契约，在合法的范围内让它为自己服务。

拒绝不义之财，只拿属于自己的

犹太人只拿属于自己的东西，这里属于自己的东西指已经付过钱的东西。犹太人虽然爱钱，但也只赚属于自己的钱。因为在他们看来，拿不义之财会受到上天的惩罚。

《塔木德》上说：“拿自己的一份胜过拿别人的九份。”虽然在世人眼中，犹太民族是一个追求财富的民族，好像他们绞尽脑汁只为赚钱。但实际上犹太人不会让金钱腐蚀自己的灵魂，他们只会靠自己的大脑和双手正大光明地赚钱。

在犹太人看来，追求私利并不是不正当要求，他们从不要求自己成为一个圣人。相反，在漫长的流浪生涯中，犹太人发现，如果不会为自己谋求利益，那么就很难在这个复杂的世界上生存下去。

那么，谋私利是否意味着自私？当然不是。犹太人认为，在对利益的追求上，世人要讨论的不是人们是否该追求私利，而是对私利的追求是否合法合理。犹太人常说："有钱不赚的人是傻瓜。"这里所说的"赚钱"，指的是在合乎道义的前提下追求利益。假如这桩生意不合法，那么即使它能使我们成为大富翁，他们也不会去做。犹太父母经常对子女说："只赚该赚的钱，不属于自己的，即使是一分钱，你也不能要。"

不要让金钱腐蚀自己的灵魂

犹太民族十分重视金钱，他们清楚金钱对人生的重要性，也明白金钱的价值。《塔木德》上说："如果世上所有的苦难都集中到天平的一端，而贫穷集中到天平的另一端，那么贫穷比苦难更加沉重。"犹太人认为赚钱是天经地义的行为，并且将金钱看作是安全感的来源。

然而，在犹太人心中，有一样东西比金钱更加重要，那就是干净的灵魂。对犹太人来说，如果一个人的灵魂变得肮脏，那么这个人不会有任何前途；如果一个民族的灵魂受到了腐蚀，那么就意味着这个民族马上要完了。犹太人常说："灵魂干净是最大的美德，用灵魂去换取财富的人，是世界上最愚蠢的人。"在面对金钱诱惑时，他们总能保持定力。

有一位拉比靠砍柴为生。他每天要把柴从山里背到市集上，为了节省时间，他决定买一头毛驴。

拉比从集市上买了一头毛驴，学生们很喜欢这头毛驴，把毛驴带到小河边给它洗澡。没想到，在洗澡的过程中，驴脖子上掉下来一颗钻石。学生们立刻欢呼起来，他们认为这是上天的恩赐，拉比可以借此摆脱贫穷的生活。但拉比却决定将这颗钻石送还给商人。面对迷惑不解的学生，拉比说："我只买了毛驴，并没有买钻石，我只拿属于自己的东西。”

来到集市后，商人惊奇地问：“既然你买了毛驴，那么毛驴身上所有的东西都是你的，你实在没有必要将钻石还给我。你为什么要这么做呢？”拉比回答道：“这是犹太人的传统，我们只拿付过钱的东西。”

从这个故事中不难看出，对于金钱，犹太人一直坚持一个传统：只拿属于自己的东西。犹太人从不运用虚假的手段欺骗别人，他们认为拿不义之财会遭到上天的惩罚。

拒绝不义之财，能换取长期财富

或许每个人都曾幻想过哪天自己能够得到一笔巨额的财富，从此不用为生活而烦忧。然而，在犹太人看来，从天而降的财富并不是上天的恩赐，而是上天给你的考验。如果这笔财富并不属于你，那么你就要坚决拒绝。

犹太人罗斯曼是一家外贸公司的主管。有一次，罗斯曼和法国的一家大公司进行合作，在双方达成了一致的协议并进行交易后，公司的财务部突然告诉罗斯曼公司账上多了5000万法郎。

罗斯曼很快就发现是法方在打款时出了一个失误，他立刻打电话联系法国公司，并亲自携带款项去法国，帮助解决这个问题。法国公司对罗斯曼的行为非常感动，之后主动放宽了合约条款，给罗斯曼公司每年增加了2000万法郎的收入。

从这个故事中不难看出，不取不义之财的人，并不会因此遭受损失，反而会获得长期的财富。

犹太人常说：“不属于你的东西，即使你拿了，总有一天你要还回去。如果你在面对不义之财时能保持足够的定力，那么你就能获得上天给你的奖励。”

不义之财固然可以让人增加财富，但是若因此丧失了道德，其实得不偿失。假如你能坚持自己的原则，不拿不属于自己的东西，那么别人就会看到你金子般的品德，从而信任你，将你看作值得好好合作的伙伴。那时你所得到的，比从不义之财中获得的要多得多。

犹太人教子箴言

《塔木德》上说："我们行事为人凭着信心信念，而不是眼前所见。"关于我们的信念，犹太父母经常这样告诉子女："只拿属于自己的东西，只赚该赚的钱，这是犹太人的传统，不能破坏。"

第七章 学会交际：为人处世的必修课

虽然犹太人认为凡事应该依靠自己的力量，但是他们也认同如果能够和别人保持和谐的关系，那么在办事的过程中会得到很多的助力。因此，犹太人从不忽视发展自己的人际交往能力。真诚待人、以心换心、严守秘密，是犹太人拥有如此多朋友的秘诀。

真诚友善地对待他人，学会以心换心

如果你想成为别人的知心朋友，你就要学会讲真话、实话，切忌虚伪造作，将所有的话都埋藏在心底。只有你先敞开自己的胸怀，才能换来别人的真心相待。

没有人喜欢一个虚伪的人，即使这个人聪明、幽默，拥有别人没有的权势。在现实生活中，人们在选择朋友时，最看重的还是对方是否真诚，是否是一个说实话的人。人们知道这样的人不会掩饰，不会推托，自己不用猜测他们言辞背后的意义。因此，即使这样的人没有那么聪明，那么有趣，他们身边也总是围着一大群朋友。

犹太人常说："一个不懂得真心待人的人，往往无法拥有真正的朋友。"在犹太人看来，不懂得以心换心的人，不仅仅难以获得他人的支持和喜爱——人们觉得这样的人深不可测，不清楚他们心中到底在想什么——难以维持稳定的关系。一个总是戴着面具做人的人，往往以为他人也是不真诚的，他们经常推测朋友行为背后的意义，即使朋友是无心之举，他们也认为朋友是在针对自己。

人们更乐于接受真诚友善的人

《塔木德》上说："温和和友善其实比愤怒和暴力更有力量。"因此，犹太人常说："要想真正地解决一个问题，你首先要拥有真诚友善的态度。"

在生活中，我们经常看到这样的情景：在与他人产生矛盾时，人们的第一反应不是心平气和地解决问题，而是比谁嗓门大，看谁的表情更加凶狠。在这些人看来，一旦示弱就会让自己落下风，让对方占据主动权，最终吃亏的是自己。然而，在犹太人看来，这样的想法和做法极其愚蠢。因为野蛮的外表和粗鲁的言辞并不能解决问题，只能让事态恶化。真正聪明的人，往往会用自己的真诚和友善做武器，不费一兵一卒就将问题顺利解决。

有一次，太阳和风争吵了起来，它们都认为自己比对方厉害，但是谁也说服不了谁。最后，风说："我们俩来比试一下，你看到那个穿棉大衣的大爷了吗？我们看一看谁能够先让他脱下大衣。"

太阳躲到云层背后，风开始施展它的威力。它化身成大风，疯狂地吹向老人。老人不得不裹紧大衣，慢慢地往前走。风越吹越大，越吹越急，可是老人将自己的衣服裹得更紧了。看到这样的情景，风灰心丧气地退了下来。

该太阳出场了。它慢悠悠地从云层背后爬出来，用自己温暖的阳光照耀着老人。老人放下了自己抓住衣领的手，开始擦汗。过了一阵子，老人脱下了大衣。

看到这样的结局，风钦佩地对太阳说："你比我厉害多了。"

从这个故事中不难发现，相比暴躁和愤怒，真诚和友善更容易解决问题。犹太人从小就被教育要成为一个对人说实话、温和待人的人。即使在复杂的生意场上，犹太人也奉行"真诚待人"的原则。因为他们相信，只有真心诚意地与他人交往，才能收获一个可靠的生意伙伴。

很多人之所以喜欢戴着面具和他人交往，是因为他们认为自己的真实面貌会招致别人的厌恶。事实上，说出自己的真实想法并不会让人讨厌你，只会让人们更加了解你、接纳你。即使你费心营造了一个完美无缺的假象，也终会有被揭穿的一天，更何况这样做会让你迷失自我。与其这样，不如向他人展示一个最真实的自我，一个有缺点也有闪光点的自己。你若不喜欢自己的缺点，可以试着去改正它，而不是掩盖它。

人无完人，其实每个人都知道这一点。因而人们在看到那些虚伪的、善于掩饰的人时，并不会被他们营造出来的假象所吸引，反而会觉得不真实，从而对他们敬而远之。

真诚友善是人际关系的首要原则

一位犹太拉比曾说："想要成为他人的知心朋友，首先就要学会以诚待人。一个喜欢逢场作戏的人，往往会在人际交往中受挫。"犹太人认为，真诚友善是人际关系的首要原则，在与人的交往的过程中，只有真诚才能换来别人的理解和信任。

纳克夫是一家煤场的推销人员，他很想将煤卖给一家百货公司，但是在外人看来这是不可能的，因为这家百货公司长年向市郊的一家煤场买煤。

有一次，纳克夫参加了一个辩论会，主题是百货公司对国家害多益少。纳克夫参加了反对的那一组。为了收集更多的资料，以便在辩论会中获胜，纳克夫来到了那家百货公司。他对负责人员说明了来意。最开始，纳克夫只要求一分钟的谈话时间，但是最后他们竟然聊了一个多小时！

后来，纳克夫回忆道："在谈话的过程中，我坦率地说出了我对这家公司的看法，负责人不仅耐心地听了我的看法，还给我找来了很多辩论的资料。在我临走前，他对我说：'下个季度你来找我，我愿意购买你们的煤。'我真的没想到，因为我的真诚，我在这一个多小时得到的东西，比我过去几年得到的还要多。"

从这个故事中不难看出，在与人交往的过程中，如果对方感受到了你的真诚和友善，你就更容易被对方肯定，被对方接纳。因此，犹太人常说："在人际交往中，真诚和友善是最能打动人的。"

犹太人教子箴言

犹太人常说："真诚是最佳的策略。"与其营造虚伪的假象，不如坦率地展露自己最真实的一面。真诚可以为人们搭建起沟通的桥梁，在真诚的态度下做事，才更容易获得成功。

入乡随俗，拉近人与人之间的距离

犹太人深知"入乡随俗"的重要性。在他们看来，表达个性虽然重要，但是如果处处和别人表现得不一样，就很难融入群体，也很难与人进行和谐的交流，从而丧失很多宝贵的机会。

没有人比犹太人更能适应复杂的环境，有些人甚至将他们称为"变色龙"。这是因为无论进入哪种文化氛围中，犹太人都能迅速地和当地人打成一片，让对方把他们当成"自己人"。在生意场中，犹太人能和来自天南地北的陌生人融洽相处，并且迅速地获得别人的信任。

犹太人深知入乡随俗的道理。诚然，没有个性的人容易被人忽视，但是太有个性、在任何时候都追求标新立异的人，也很难被陌生人接纳。犹太民族是一个智慧的民族，犹太人深知，当我们无法改变周围环境时，我们只能改变自己。改变并不意味着我们要隐藏自己的个性，而是先获得和对方平等交流的机会，得到对方的信任，再提出自己的主张。

入乡随俗，才能获得别人的信任

犹太人走遍世界，被誉为"世界第一商人"，靠的就是入乡随俗。在很多地区，人们会遇到很多与自己完全不一样的人。虽然他们的文化是从未接触过的，但是犹太人从不会排斥这些文化。犹太人会学习这个国家的语言，了解他们的风土人情。当犹太人说着流利的当地语言，行为举止都与当地人无二时，他们自然能够获得对方的信任。

当文森特被任命为博里纳日煤矿区的传教士时，他十分担心自己能否胜任。博里纳日和他的家乡不同，在这里，几乎人人都要下矿井。虽然他们的工作繁重而危险，但是他们的薪酬却很低。他们的生活十分贫穷，往往是一家人一年都吃不上一餐饱饭，即使生了病也没有钱医治。这里的人都是“黑人”，因为他们没有条件洗澡，肥皂对他们来说是一种奢侈品。

文森特决定和当地人生活在一起。他来到了峡谷最下头的一个村子里，找到了一间大房子，和村民们一起用麻袋装了很多煤渣，在房子里生起炉子，以免太过寒冷。

在他第一次演讲时，他发现村民们脸上的警惕之色渐渐消散了。村民们认真地听他演讲，眼中充满了信任。文森特知道自己已经被当地人接纳了。

为什么自己这个异乡人能够在这么短的时间内获得当地人的信任？文森特很迷惑。当他回到自己的住处，准备用肥皂洗脸时，他脑海中突然闪过一个念头。他放下肥皂，跑到镜子前仔细地端详自己，看见自己也变成了一个“黑人”。

“原来是这样！”他大叫道，“他们之所以认可我，是因为我也变成一个‘当地人’了。”他没有洗脸，也不管满身的煤渣就去睡了。在之后的日子里，他都将自己的脸上涂上煤渣，让自己看上去像一个“当地人”。

从这个故事不难发现，要获得陌生人的信任其实很简单：只需要尊重他们的风俗，使自己在某一方面和他们相似。因此，犹太父母经常对子女说：“如果你和对方穿着相同的服装，做出相似的行为，那么对方就会认为你和他是同类人，从而对你产生好感。”

入乡随俗，让沟通变得更加简单

每个人都有表达个性的欲望，那种想让自己看上去特别的心理驱使着人们寻求标新立异。其实，表达自己的个性并没有错，然而若时时刻刻追求与众不同，就会让你和他人之间的沟通变得格外困难。

有一个年轻人向一位拉比倾诉自己的烦恼："智慧的拉比，你能不能告诉我，为什么我会被心上人讨厌呢？""好的，那你要先回答我几个问题。"拉比问，"在和她相处的时候，你是否表现得很粗鲁？"青年回答道："我总是送她回家，从不大声地对她说话。"拉比又问："那你是否表现得很无知？"青年摇摇头，说："在和她聊天之前，我都会认真地想一想自己的话是否合理，如果有不确定的地方，我还会查一查资料。"

拉比想了想，问："那你是否总是显示自己的与众不同？"青年说："是的。在和她聊天的时候，我会提出一些和别人不同的观点，我觉得这样会让我显得很特殊。""看来我们找到原因了。"拉比说，"标新立异固然没错，但是每一件事情都表现得和其他人不同，会让人产生一种'你不是自己人'的感觉。她找不到你们之间的共同点，不知道如何和你沟通，自然会远离你。"

从这个故事不难发现，入乡随俗并不意味着抛弃自己的个性，而是借此创造一个能和他人顺畅沟通的平台，从而拉近人与人之间的距离。

犹太人十分重视个性。他们常说："没有个性的人就没有灵魂。"同时，犹太人也很反对将个性当作人际交往的盾牌。在他们看来，那些对自己说"他和我不是同路人"而不去和他人交往的人，是胆怯而愚蠢的。一个真正的交际高手，既知道在什么时候展现自己的个性，让别人看到自己的价值，也知道在什么时候隐藏自己的个性，让自己看上去和别人相似，从而收获更多的友谊。

学会将异乡习俗收为己用

犹太人常说："入乡随俗，并不意味着你对异乡文化妥协。相反，只有对这些风土人情都了如指掌，你才能将异乡习俗收为己用。这样做，不仅能获得别人的好感，还能保持自己在生意场中的优势地位。"

有两个兄弟到异乡去做生意。在这个地方，人人都裸露着身体，所以这里又被称为"裸乡"。在抵达裸乡之前，弟弟说："我们马上就要到裸乡了，那里没有道德礼法，人人都裸露着身体，所以交流起来比较困难。我认为要想和他们做生意，我们也要裸露身体。"

哥哥反对道："我们怎么能因为他们不穿衣服，就放弃我们的礼教呢？"弟弟说："只要心中有礼法就可以了。这样做只是为了让他们接受我们，权宜之计而已，不用太在意。"兄弟二人争执不下，最后哥哥说："你先去打探一下情况，看一看他们是否真的像传说的那样。"弟弟答应了。

几天后，弟弟回来告诉哥哥："他们都很和善，但是你必须遵守当地的规矩。"哥哥生气地说："你这是自甘堕落，我不会这样做的。"弟弟又回到了裸乡，他立刻被当地人接纳了，还受到了国王的接见，国王以高价购买他的商品，弟弟变成了一个大富翁。哥哥也来到了裸乡，但是他不愿意裸露身体，还指责当地人是"愚民"。国王很生气，没收了他的商品，要将他赶出国，幸而有弟弟在一旁说情，哥哥才幸免于难。

从这个故事中不难发现，入乡随俗其实是一种策略，它能帮助我们在与陌生人交往时掌握主动权。犹太父母常对子女说："在融入一个新环境的过程中，你能驾驭的只有自己，因此你只有改变自己来适应环境。这不仅能让你得到他人的信任，还能给你带来创造财富的机会。"

犹太人教子箴言

《塔木德》上说：“一个人不要在别人睡觉时醒着，或者在别人醒来时睡觉；不要在欢笑的人群中哭泣，或者在哭泣的人群中欢笑；不要在别人站着时坐下，或者在别人坐下时站起来。总之，一个人不能游离于人群的习性之外。”

不要轻易泄露朋友的秘密

当人们从他人处听到秘密时，会忍不住将秘密泄露出去。有些人认为这是人之常情，因为每个人都有借泄露秘密来获得关注的欲望。然而，秘密一旦泄露，你就会成为秘密的奴隶，甚至失去友谊。

在生活中，我们多多少少都能够从他人处听到秘密，而在很多时候，在对方看来不能告诉外人的事情，在我们眼中却再正常不过。因此，有的人怀着“就算我把这件事说出去，也不会造成严重的后果”的想法，将朋友的秘密告诉其他人。

然而，在犹太人看来，泄露秘密的人，往往是不值得信任的人。因为别人之所以将秘密告诉你，是因为他认为你值得信赖。即使泄露秘密并没有带来多么严重的后果，但是人们可以从你的这一行为判断你的道德水平。因此，犹太人常说：“只要秘密仍然在你心中，你就是秘密的主人；一旦你泄露秘密，你就会成为它的奴隶。”

守口如瓶的人会受到他人的尊重

《塔木德》上说："善于处世的高手，往往是能够守口如瓶的人。"在处世智慧中，犹太人十分重视为人保守秘密，经常以人可以保守秘密到何种程度来判断这个人的价值。

犹太人认为，如果一个人在刚刚得知秘密之后，就将这个秘密告诉他人，那么他一定是不值得信赖的，这样的人难以成为可靠的生意伙伴；如果一个人在别人不主动询问的情况下，不说出别人秘密，那么这个人值得结交；如果一个人在别人拼命追问的情况下，还不说出他人的秘密，那么这个人值得尊敬和学习。

有一次，占卜者巴拉姆准备去诅咒以色列人。然而，一看到他们的营地，巴拉姆就改变了主意。原来，以色列人的帐篷并不是彼此对着，而是相互错开。

巴拉姆说："这些人肯定十分尊重对方的隐私，我又怎么能诅咒这样的人呢？"于是，巴拉姆停下来自己的脚步，开始为这些以色列人祈祷。

从这个故事不难看出，能够守口如瓶的人会得到他人的尊重。反之，那些将别人秘密当作笑话和谈资的人，不仅会失去朋友的信任，还会让其他人对他的人品产生怀疑。

在日常的生活中，犹太人十分尊重别人的隐私，即使是微不足道的小事，只要他人表现出"不想让别人知道"的意图，他们都会保守秘密。犹太父母经常告诫自己的子女："当你去好朋友家玩时，在没有得到朋友的允许之前，不能随意进入他的卧室；如果他邀请你去卧室，你也不能将卧室里的陈设告诉其他人。"

不仅如此，犹太人还将保守秘密作为一个人人都需要遵守的规定，如果有人侵犯他人的隐私，就可能受到法律的制裁。《塔木德》中就有这样的规定："如果一个人的屋顶建得特别的高，高到可以看到邻居家的庭院，那么这个人应该在屋顶周围修建栏杆，以遮挡住自己的视线，使自己无法窥探别人的隐私。"

泄露秘密会伤害朋友的自尊心

犹太人常说："喝下秘密这壶酒，舌头就会跳起来，所以要特别小心。"的确，在听到别人的秘密之后，人们似乎格外想将秘密传播出去。有些人认为，将一个朋友的秘密告诉另一个朋友，可以显示自己对另一个朋友的信任。事实上却不是这样，他们这样做，只是为了获得别人的关注，为了间接地告诉别人："你看，我多么值得信任，朋友可以把这么隐私的事情告诉我。"然而，在他们将朋友的秘密告诉别人时，就已经在向别人宣布："我不是一个值得信任的人。"

犹太父母经常对子女说："要成为一个受欢迎的人，首先要懂得站在他人的角度考虑问题。而想要做到这一点，就要学会为他人保守秘密。"

一个女人准备向一位拉比寻求建议。当这个女人来到拉比面前后，聪明的拉比马上说："你刚刚犯了罪，罪名是通奸，你还敢来我的房子，还不快出去！"此时，拉比的房中还有其他人。

这个女人激动地说："我听说上帝是慈悲的，在面对有罪的人时，他也不会马上惩罚这个人，更不会把这个人的秘密泄露出去。然而，尊敬的拉比，您如此的智慧，为什么一刻也不能忍耐，一定要揭露上天都会隐藏的秘密呢？"

拉比无话可说，向这个女人道了歉。之后，这位拉比常说："没有人可以打败我，除了一个女人。"

从这个故事中不难看出，一个能够站在他人角度考虑问题、理解他人痛苦的人，往往不会轻易泄露他人的秘密。反之，一个人若很少为他人考虑，就很可能将他人的秘密当作一种炫耀的资本。

因此，我们在泄露别人的秘密前，要仔细地想一想：一旦我泄露了这个秘密，将会给别人造成怎样的伤害？那些在你看来微不足道的小事，可能会变成压死骆驼的稻草。比如：你认为说出朋友真实的身高没有什么大不了的，但是朋友却一直因自己的身高感到自卑；你认为可以把朋友的糗事说出来，却没想到朋友一直将这些事情看作自己的污点。一旦你站在对方的角度思考问题，你就会发现，原来自己的行为会给朋友带来这么大的伤害。

保守秘密的人会得到真挚的友谊

犹太人常说："只有保守秘密的人才能得到友谊。"在他们看来，一个因保守秘密而变得沉默寡言的人，比一个滔滔不绝泄露别人秘密的人要可爱得多。犹太民族并不是一个喜欢和人攀关系的民族，更多的时候，他们更喜欢依靠自己的智慧去战胜难关。然而，当他们遇到困难的时候，总会有朋友出来帮助我们。为什么犹太人能够收获这么多份真挚的友谊？一个重要的原因就是他们从不泄露朋友的秘密，这让朋友觉得他们是个真诚、可靠的人。

两个朋友出去探险。在路上，他们遇到了一只狮子。狮子对他们说："谁能让我高兴，我就放谁走。"一个人一直给狮子讲笑话，把朋友的糗事告诉狮子，狮子被他逗得哈哈大笑。另一个人沉默寡言，当狮子问他原因时，他说："虽然我的脑子里有很多有趣的事情，但是我不能告诉你，因为那会有损我朋友的名誉。"

最后，狮子放走了第二个人。面对第一个人的质问，狮子说："虽然他什么都没有说，但是和这样品德高尚的人在一起，我感到很开心。"

犹太人常说："巧舌如簧的人固然可以得到他人的喜爱，但是如果他们将朋友的秘密当作笑料，那么他们迟早有一天会失去这些朋友。沉默寡言的人看似无趣，但是时间一长，人们就会发现他们身上的可贵品质，从而更加信赖和喜欢他们。"因此，相比成为一个讨喜但是不会为朋友保守秘密的人，一个看似无趣但是能严守秘密的人更难得。

犹太人教子箴言

犹太人有很多保守秘密的箴言，比如："除了小孩，就只有傻瓜不会保守秘密。""有三个以上的人知道的秘密，就不能称之为秘密了。""听到秘密很容易，但是将秘密保存下来却很困难。"

你帮助的人越多，你得到的也越多

犹太民族从来不是一个喜欢依赖他人的民族，他们常说："如果你不会为自己着想，那你只会变成一个寄生虫。"然而犹太民族也不是一个冷漠的民族，他们也常说："如果你只会为自己着想，那你就会变成一个吸血鬼。"

犹太父母经常对子女说："如果你把最好的给予别人，那你就能从别人那里得到最好的；你帮助的人越多，你得到的也越多。如果你什么也不付出，那么你什么都得不到。"在与人交往的过程中，如果想要获得一份真挚的友谊，就要学会去关心、帮助自己的朋友。

在犹太人看来，隔岸观火固然可以让你保全自身，但是无法拉近你与他人的距离，在你遇到困难的时候也不会有人来帮助你。犹太民族是一个历经磨难的民族，在漫长的流浪生涯中，我们遭到了驱除、侮辱、迫害，而犹太人之所以能在恶风险浪中生存下来，就是因为他们在境遇不错的时候帮助过别人，而在困难的时候，别人自然会来帮助他们。

你帮助别人，别人自然会来帮助你

犹太人常说："这个世界是公平的。你给别人什么，就会从别人那里得到相应的东西。如果你想让别人来帮助你，你首先要主动地帮助别人。"在现实生活中，很多人奉行"独善其身"的生活哲学。在他们看来，一个人应该过好自己的生活，对自己的生活负责，无须关心、帮助身边的人。

在犹太人看来，为自己谋求合法利益，为自己的人生负责，都是值得称赞的。因为每个人都是独立的，我们不能变成"寄生虫"，等待他人过来"解救"自己。然而，这并不意味着我们应该变成一个冷漠无情的人。事实上，生活在人群中，每个人都有希望得到别人关心和注意的欲望，但是很多人只会被动地等待别人来靠近自己。他们拼命地压抑住自己的这种欲望，甚至执拗地与他人保持距离，似乎是在玩"你不来找我，我也不来找你"的游戏。

其实，想要得到别人的关心，收获一份真挚的友谊，最简单的方法就是主动帮助、关心别人。即使对方没有给你相应的回报，你也能从中得到满足。

乔伊斯是一个贫穷的犹太人，但是他很喜欢帮助别人。有一天，他来到移民局办事，发现有人在争吵。走近一看，原来是一个犹太人来办工卡，但是他不知道申请工卡的费用涨了五美元。移民局不收取支票，他身上又没带钱。移民局马上就要下班了，此时回家取钱一定来不及。

看到同胞如此窘迫，乔伊斯想都没想，就把兜里最后的五美元掏了出来，递给了这个人。这个人十分感激，让乔伊斯留下了地址。

几年后，乔伊斯失业了，他觉得自己已经无法生存下去，准备跳河结束自己的生命。此时，他收到了一封信，是一个总裁写给他的，上面邀请他为自己工作。半信半疑的乔伊斯来到了这家公司，发现那个总裁就是几年前在移民局遇到的那个人。

总裁感激地对他说："要是那一天我拿不到工卡，老板就会解雇我，在那个紧急关头，你递给了我5美元，如同给了我生的希望。虽然我后来赚了一点钱，可以将这五美元还给你，但是我想，我一个人来到美国，受尽了磨难，而你的五美元改变了我对生活的态度。所以，我不能仅仅将钱还给你……”

从这个故事中不难发现，帮助别人，其实就是在帮助自己。在你困难之时，那些被你帮助过的人不会袖手旁观，他们会站出来帮你渡过难关。

然而，在生活中，我们也会遇到这样的人：他经常帮助别人，最开始人们还很感激他，但是时间一长，这些被他帮助过的人都渐渐远离他了。为什么会出现这样的情景？难道这些人没有感恩之心吗？并不是。有些人看似对别人很热情，总是不遗余力地帮助别人，但实际上他们是想从别人那里谋求更大的利益。他们就像狡猾的钓鱼者，把“帮助”这个鱼饵撒下去，等待“大鱼”上钩。一旦发现别人并不能给他带来想要的回报，他们就毫不犹豫地收回自己所有的“帮助”，甚至强迫别人为他往日的“辛苦”买单。

因此，在帮助他人之时，你不要去要求什么回报，应该将自我内心的满足当作最大的回报。

互帮互助是生存的法宝

犹太人认为，富人有责任帮助穷人，穷人有获得帮助的权利。在流浪的生活中，犹太富人经常自觉为犹太穷人买单。对犹太人来说，帮助穷人已经成为一种习惯。即使是家徒四壁的犹太人，也会准备一个装钱的小盒子，以帮助更加贫困的人。

对于这种行为，很多人表示无法理解。因为在他们看来，帮助别人也并非不可能，但是那是在自己条件富裕的情况下。要是自己都养不活自己，又何必去帮助他人呢？然而，犹太人认为，互帮互助是生存的法宝，它能让更多的人活下来，这也是犹太民族在经历各种磨难之后依然能够生存下来的原因。

有一个人和上帝谈论天堂与地狱的区别。上帝对他说：“来吧，我让你看看什么是地狱 。”他们走进一间房，房里有一群人围着一大锅肉汤。但每个人看起来都营养不良，绝望又饥饿，因勺柄太长没法亲自把汤送进嘴里。一会，上帝又把他领入另一个房间，这里的一切都和上一个房间没什么两样，一锅汤一群人，一样的长柄勺子，但大家都在快乐地唱歌，把勺子里的汤喂给别人，自己也得到别人送来的鲜汤。这就是天堂与地狱的区别。

犹太人常说："虽然一根火柴的光芒很微弱，但是一盒火柴却足以照亮整个房间。"在犹太人看来，很多事情都不是一个人能够完成的，需要大家一起合作，互相帮助。再困难的事情，只要大家一起努力，就能取得不错的结果。

犹太人认为，并不是只有能力强的人才能帮助别人，在生活中，人们时时刻刻都能帮助别人：困难时的一个微笑，沮丧时的一个拥抱，帮年长者开门，为行动不便的人让路……这些都是再简单不过的事情，却能让别人感受到温暖。此外，在帮助别人的同时，我们自己也能感受到内心的充盈，产生一种幸福感。因此，犹太父母经常对子女说："帮助别人并不是付出，而是收获。"

犹太人教子箴言

一位犹太拉比曾告诫世人：当别人有求于你时，只要是正当要求，都不要轻易拒绝别人；当看到别人有困难时，你要主动帮助别人。只要你能让别人看到你的存在对他有价值，你就能变成一个受人喜爱、尊敬的人。

学会设身处地地理解别人

对他人痛苦视而不见的人，往往不值得交往。这是犹太父母经常对子女说的一句话。在他们看来，一个人是否能受别人欢迎，很大程度上取决于他是否能够理解他人。

在生活中，我们常常看到这样的情景：有人不小心踩了别人一脚，但是没有及时道歉，被踩的那个人生气极了，和对方大吵了起来。一个小矛盾瞬间变成了一个大问题。之所以出现这样的情景，究其原因是人们不懂得理解别人。要是踩人的人想“他一定很痛，我要赶紧道歉”，被踩的人想“他不是故意的，我没必要生气”，这件事情就激不起水花。

犹太人常说：“不懂得理解他人的人往往没有知心朋友。”在他们看来，一个永远将目光锁定在自己身上，只关心自己痛苦的人，很难拥有真心朋友。因此，犹太人从小就被教育要理解别人、关心别人。

在大部分犹太家庭中，父母从小就让孩子参与抚养小动物。他们甚至还有这样一句俗语：“一个不关心动物的孩子，很难真正关心其他人。”因为在他们看来，关心动物和关心他人之间没有太大的区别。让孩子从小照顾小动物，就是为了提高孩子的情绪感知能力，让孩子学会理解他人。

学会理解他人可以缓解矛盾

犹太人经常这样反省自己：“为什么我们会和他人产生矛盾？”对于这个问题，很多人的答案是：不懂得理解他人。在与别人发生矛盾之后，如果你能问自己：“如果我站在他的角度上思考这个问题，我还会生气吗？”你就会发现，事情其实并没有那么严重，别人会做出这样的举动也是有原因的。

比如：你和同学吵架了。当你试着去理解他之后，你就会发现，其实他之所以会和你吵架，是因为他有很多烦恼没有解决，如昨天被妈妈骂了一顿，今天的考试没有考好等。虽然将自己的不满发泄在你身上是他的错，但是这样想之后，你是否会觉得没有那么生气了？你也会有烦恼，也会出现无法控制自己情绪的时候，既然你能原谅自己，为什么不能试着原谅同学呢？至少，不要因为别人的过错而生气，不要带着情绪去解决问题。

有一家犹太人养了一条狗，全家人都很喜欢这条狗，特别是主人的孩子。他将狗看作是自己最好的伙伴，每天都和它一起玩耍，感情深厚。

有一天，这条狗突然死了。此时，孩子正好上学去了，还不知道这件事。父亲急着要出门，他认为这不过是一条狗而已，就带出去扔掉了。

孩子回来后发现狗不见了，才知道狗已经被父亲扔了。孩子十分伤心，对父亲大喊："你为什么不让我见它最后一面？而且我要将它埋在我们家后院。"父亲也很生气，说："不就是一条狗吗，又不是人，值得你这样大惊小怪吗？而且那个时候我急着出门，你怎么不为我想想。"

结果，父子俩闹僵了。无奈，他们只好去寻求一位拉比的帮助。听了他们的话，拉比给他们讲了一个记载在《塔木德》中的故事：

古时，有一条毒蛇爬进了一家人的牛奶桶中，它的毒融进了牛奶中，只有这家的狗看到了这件事情。当晚，全家人正准备喝牛奶时，这条狗突然叫了起来，扑上去打翻了牛奶杯子，并自己喝了一口。正当这家人准备训斥这条狗的时候，狗毒发身亡，这家人这才发现牛奶有毒。

讲完这个故事，拉比说："其实，这个故事就是在告诉我们，不要总是站在自己的角度考虑问题，应该去理解别人。要是狗没有喝牛奶，这家人永远也不会知道狗为什么要打翻牛奶罐子。"

父子俩这才发现自己的错误。父亲说自己没有考虑到孩子对狗的感情，孩子说自己没有想到当时父亲有急事要办。在互相理解之后，父子俩和好如初。

从这个故事不难发现，理解，能够解开人们心中重重锁链，化解那些看上去无法解决的矛盾。

因此，犹太人常说："要是你不能原谅一个人，就站在他的角度上考虑问题吧。那时，你会发现，所有的矛盾都是误会，你并没有那么痛恨那个'敌人'。"

理解别人的痛苦，别人才会理解你

在生活中，我们常常能看到这样的情景：有一个人失恋了，他的朋友对他说："天下何处无芳草，你怎么这么死心眼。"他们不仅不安慰失恋的人，还化身"导师"，去批评教训自己的朋友。然而当他们自己失恋时，却要求所有人理解他的痛苦，如果别人办不到，就怒斥别人："你怎么这么没有同情心？"

在犹太人眼中，这样的人很可笑，因为他们不懂得理解别人，却强求别人去理解他。犹太人常说，你想获得什么样的东西，就要先付出这样的东西。如果你什么都没有付出，那么你永远都不会有任何的收获。如果你想发展一段健康的关系，那你就要试着理解对方的痛苦。

小男孩吉姆和母亲生活在一起。他的父亲很早就过世了，母亲一个人带着他，要打很多份工才能支撑这个家。可能是因为又当父亲又当母亲的关系，母亲的脾气并不好，经常对吉姆大喊大叫，就算吉姆没有做错事情，母亲也会对他发脾气。

吉姆和母亲的关系因此很不好，母亲骂他一句，他就顶一句，绝不服软。有一次，母亲去学校给吉姆送午餐，看到吉姆弄脏了衣服，就骂了他几句。吉姆气不过，想："我要去她工作的地方，将这盒饭全倒了，然后将空盒子放在她面前，她一定会很生气。"

于是，吉姆悄悄地跟在母亲后面，来到了母亲工作的地方。这时，吉姆才发现母亲的工作环境有多恶劣。母亲每天就在一个小房子里，要做一大堆活，还要受监工的欺负。吉姆这才明白，母亲默默承受了多少痛苦。母亲之所以对他发脾气，其实与他没有多大关系，而是因为生活的遭遇。

吉姆将手中的饭盒装进了袋子里，一个人默默走回了学校。此后，他很少和母亲顶嘴，还经常帮母亲干活。看到这么孝顺的孩子，母亲也很少对吉姆发火了。

从这个故事不难看出，理解能够消除人与人之间的隔阂，甚至能够消除代沟。对那些自私、冷漠的人来说，理解能融化掉他们心中的坚冰，让他们早已失去温度的心变得柔软。对那些互相仇视的人来说，理解对方的痛苦，可以拉近彼此的距离，让两颗早已失去联络的心再次相通。因此，犹太人常说：“理解和体谅，是人际的润滑剂。”

犹太人教子箴言

“不会理解别人的人，往往是一个自私冷漠的人。”犹太父母经常这样对子女说。若我们能看到别人的痛苦，并且深刻地理解他们的痛苦，我们就能理解他人行为背后的含义，找到人与人之间产生矛盾的根源，进而发展一段健康、良好的关系。

不要害怕与别人保持不同的立场

没有哪个民族比犹太民族更乐于接受不同的意见。在犹太人看来，能够坦率地说出自己反对意见的人值得学习和尊敬，因为这些人能够坚守自己的原则，不为外人的目光而改变自己的立场。

《塔木德》上说：“不要害怕与别人保持不同的立场。”犹太民族是一个鼓励创新的民族，所以犹太人从不打击那些提出反对意见的人。在犹太人看来，他们的看法或许可笑，但是其中也隐藏了成功的种子。

犹太人从小就被教育要学会独立思考，得出自己的结论，并且坚守自己的原则，勇于提出自己不同的意见。然而，让人们痛心的是，在现实生活中，很多人因为害怕他人的眼光而不敢提出自己的反对意见，或者因为他人改变自己的立场。

这些人或许能得到他人的认同，但是也丧失了自我。他们就像流水线上的玩偶一样，无论是外表还是内在，都规矩而整齐，却没有自己的思想。他们看似是一个独立的人，却在不知不觉中将自己人生的选择权放到了别人的手中。而这里的“别人”，可能是父母、朋友，也可能是同事、老板，甚至可能是一个路过的人。他们不敢表达自己的看法，不敢保持与别人不同的立场，就连吃东西都不敢吃大家不喜欢的。犹太人觉得这样的人可悲又可怜，因而他们教育自己的子女不要成为这种没有生命的人。

坦率地说出自己的反对意见

成功的犹太人都敢于说出自己的意见。他们认为，无论在生活中，还是在工作中，唯有坦率地说出自己的反对意见，才能把事情做好。

很多人之所以不敢提出不同的看法，是因为他们害怕被别人拒绝，害怕遭到别人的排挤。其实这样的想法也有一定道理。犹太人也常说：“入乡随俗，才能和他人打成一片。”想要融入群体，你就不能太过标新立异。然而，这并不意味着你应该成为一个“应声虫”。事实上，一个没有自己主见和立场的人更容易被人忽视。如果你能够坦率地说出自己的主张，表达自己的立场，反而能够获得别人的尊重，被群体接纳。

艾米是个刚刚毕业的实习医生，在工作期间，他可以算得上是一个十分“听话”的人。当主治医师提出自己的看法时，他都会表示赞同，因为他认为这样能让自己快速地融入这个群体。然而，让他疑惑的是，虽然主治医师很少批评他，但也很少让他做自己的助手，有些人甚至还不知道他的名字。

有一次，医院就一个复杂的病例展开讨论，而这种疾病正是艾米比较了解的。在会上，他坦率地说出了自己的意见，虽然有些意见与主治医师的看法相悖，但没想到，主治医师不仅没有批评他，反而赞赏了他。从那以后，主治医师经常问他的意见，也经常让他做自己的助手。

从这个故事中不难发现，坦率地说出自己的反对意见，并不会让别人排斥或讨厌你，反而会让别人更加了解你的个性和态度。在遇到问题时坦率地说出自己的看法，可以让别人了解你的需求，从而尊重你的看法，不去触碰你的底线。

在现实生活中，我们会遇到这样的人：他们经常站在与别人相反的立场上，提出反对意见，却得不到别人的尊重，反而被人视为“怪胎”。为什么会发生这样的事情呢？因为有的人之所以会反对别人，是因为他们想要彰显自己的“个性”。他们没有经过深思熟虑，甚至并不了解自己反对的事情，而只是想表现出自己的与众不同。

因此，我们应该知道，如果你站在了和大多数人对立的立场上，想要提出反对的意见，这本身并不是错。但是在反对别人之前，你要仔细地了解自己要反对的事物，如故事中的艾米，他也是在了解的基础上才提出不同的意见的。如果你不这样做，那你只能成为一个哗众取宠的“小丑”。

此外，在提出自己的反对意见时，我们要运用说话的技巧，做到表情温和、语调委婉，而不是声音粗鲁，甚至发脾气。犹太人常说：“即使你站在真理的那一边，但是在你提高声音的那一刻，你就成了无理之人。”

放手一搏，认准自己的道路

在生活，我们也许遇到过这样的情景：你有一个好点子，但是当你向朋友和亲人说出自己的想法后，他们都在嘲笑你异想天开，告诉你这样做不会有好处，你很难获得成功。

犹太人认为，当你的主意有一定风险时，你很难得到外人的支持，但是如果你经过深思熟虑后依然认为自己选择的道路是正确的话，那就放手一搏，坚持自己的立场，走完这条未知的路。

黛比是个家庭主妇，在外人眼中，她是个幸福的人——有疼爱她的丈夫和可爱的孩子，但是黛比想从家务中走出去，追求自己的梦想。经过深思熟虑后，她决定进入烹饪行业。

当她将自己的想法告诉丈夫和亲人后，他们一起反对道：“这是个愚蠢的主意！你没有任何的经验，也没有经过专业训练，你一定会失败的。”没有人支持她，朋友也对她说：“你真的太傻了，好好享受家庭主妇的生活不好吗？”

但是黛比决定坚持自己的梦想，她开了一个小食品店。在开张的那一天，竟然没有一个人来光顾，黛比被残酷的现实击垮了，她甚至开始思考自己是不是真的做错了，是不是不应该冒这个险。然而，她马上又对自己说：“既然你已经冒了一个险，那就不要害怕面对接下来的挑战。”黛比决定走下去。

黛比拿着刚刚做好的点心站在路口，请每个过路人品尝，人们都认为她做的点心很好吃，并开始接受她的食品。后来，黛比的公司成为食品行业最成功的企业，而她的名字——黛比·菲尔茨，也出现在美国大大小小的商店中。

从这个故事中不难发现，坚持自己选择的道路虽然困难，但是只要你充满信心，放手一搏，你就能品尝到最甜美的果实——成功。

犹太人常说：“在人的一生中，能够坚持自己的立场格外重要，因为那会使你从一个愚人变成一个智者。”因此，在任何时候都不要被别人的看法左右，要坚持自己的立场，坚定地走完自己认准的道路。

犹太人教子箴言

一位拉比在教育学生时说：“和别人有相反的意见并不可怕，可怕的是你没有进行任何的思考，就改变了自己的立场。”

崇尚智慧：一盎司的智慧比一磅的黄金贵

在漫长的流浪生涯中，犹太人深刻地体会到：任何东西都有价值，都能够被人夺走，唯有知识是无价的，而且任何人都抢不走。犹太人格外看重智慧，他们常说："无论去哪里，你要带走的不是黄金，而是智慧。"

知识是一生受用不尽的资本

犹太人之所以能够在这个世界上独领风骚，很大程度上是因为他们将知识看作最宝贵的财富。犹太人的立足之源就是尊重知识，求知若渴，重视教育。

知识是最甜蜜的东西，这是犹太人对知识的第一印象。在犹太传统中，孩子们第一次去学校上课时，每个人都可以得到一块干净的石板，上面有希伯来字母和简单的《圣经》文字，这些字都是老师用蜂蜜写的，孩子可以在念诵完字母后将石板上的蜂蜜吃掉。这是一种正式的习俗，意在告诉犹太小孩：学习知识有甜头吃。

犹太人还会在墓园中放置一些书籍，因为他们认为每当夜深人静之时，死人会出来看书。犹太人有这样的规定：当你不得不变卖物品以度日的时候，你也应该先变卖金子、土地和宝石，即使到了最后一刻，你都不能变卖你的书籍。因为金子、宝石都是会消逝的，唯有知识才能长久，它是我们一生受用不尽的资本。

知识和智慧是任何人都抢不走的

在漫长的流浪生涯中，犹太人发现那些看似永恒不变的东西，如土地、房子、金子等，都有可能被人掠夺，唯有知识和智慧是任何人都抢不走的。因此，在犹太人的社会中，知识渊博的人会格外受人尊敬。犹太丈母娘在选择女婿时就十分看重未来女婿的学识，相比一个家财万贯却没有智慧的青年，她们更愿意接受一个接受过良好教育的青年。

在一条大船上，除了一位贫穷的拉比，其他人都是大富翁。富翁们聚在一起谈论自己的财富，要评出那个最富有的人。此时，坐在一旁的拉比说："我认为最富有的人是我。"听到这句话，富翁们齐声尖叫起来："别做梦了！你有金子和钻石吗？"

船开到半路，突然遇到了海盗，富翁们的财宝都被抢走了。在海上漂泊了一段时间后，这艘船来到一个港口。因为学识渊博，所以拉比立刻受到了当地人的欢迎，拉比开始在这个地方开班授徒。

有一天，这位拉比遇到了和他坐一条船来的富翁们。不过这些人不再是富翁，没了财宝，他们贫穷潦倒，穿得破破烂烂，像个乞丐。看到拉比受人尊敬的样子，他们突然明白了"财富"的含义。一位富翁对拉比说："您说得很对，拥有知识和智慧的人才是最富有的人。"

从这个故事不难看出，知识能够让人受用一生，是谁也抢不走的财宝。世界上最宝贵的不是金子，而是知识。

在犹太人年幼时，母亲会经常问我们这样的问题："假如有一天，你的房子被火烧了，你会带什么样的东西逃亡呢？"如果孩子回答的是"金子"或"钻石"的话，母亲会进一步引导："有一样东西比金子和钻石更加珍贵，它无色无味，也没有具体的形状，你知道这是什么吗？"如果孩子答不上来，母亲会告诉说："孩子，你要带走的东西，不应该是金子或钻石，而是知识，因为知识是任何人都抢不走的，只要你还活着，知识就会跟在你身边。"

拥有知识就拥有一切

一位犹太拉比曾说："一个人要是没有知识，那他还拥有什么呢？一个人一旦拥有知识，那他还缺少什么呢？”犹太父母经常对子女说：“要努力学习！因为拥有知识，就意味着拥有一切。”

有一个富商的孩子对学习没有任何兴趣，他的父亲对他说：“我不会强迫你学习，但是你至少要学《创世纪》。”由于不想和父亲争执，这个男孩阅读了《创世纪》。后来，他们的城市遭到了攻击，敌军俘虏了这个男孩，并把他带到了一个遥远的城市。

有一天，国王想要阅读掠夺而来的《创世纪》，但是发现自己读不懂这本书。于是，他问下属：“你们谁会读这本书？”一位典狱官说：“这是一本犹太人的书，现在我们的监狱中正好关着一个犹太人，也许他会读。”

典狱官来到监狱，对男孩说：“现在，你有一个重获自由的机会。国王那里有一本书，要是你能读懂的话，国王就会释放你。要是你不会的话，国王就会要你的命。不过如果你什么也不做，还是会死在监狱里。”“我愿意试一试。”男孩说，“不过我只会读一本书。”

男孩来到国王面前，发现那本书正是《创世纪》，他捧起书，从“最开始，上帝创造天地”读到“这就是这个世界的历史”。国王听后十分开心，说：“上天将我送到这个孩子的面前，只是为了让我把他送回他父亲身边。”之后，国王赏赐了男孩一些钱，并且让人送他回家。

从这故事中不难看出，即使你什么都没有，但是只要你拥有知识，你就拥有重获新生的机会。故事里的男孩只是阅读了《创世纪》就能从监牢中平安脱身，一个人如果阅读了更多的书籍，那他是不是会得到上天更多的赏赐呢？

永远不要停止学习的脚步

犹太人常说：“一个人无论处在哪种境遇下，无论他的年龄有多大，只要他还活在这个世界上，那他就应该学习。”在他们看来，学习是没有限制的，它和吃饭、睡觉一样，是生活中必不可少的事情。

希莱尔是个贫穷的犹太人，他每天都勤劳地干活儿，但是只能赚极少的一点钱，很多时候都吃不饱。即便如此，他还是会将自己收入的一半支付给学院的门卫，好进去学习知识。

有一次，希莱尔的钱花光了，没有钱支付给门卫，他也不能进学院的大门。他很想进去听课，于是爬到教室的房顶上，将耳朵贴在玻璃上，仔细听智者施玛和阿弗塔扬讲课。此时正是寒冬腊月，外面大雪纷飞，不一会儿，希莱尔变成了一个“雪人”。他听得入了入迷，整夜都没有动一下。

第二天清晨，施玛对阿弗塔扬说：“为什么明明外面已经天晴了，屋内还是这么昏暗呢？”后来，他们找到了被冻得失去知觉的希莱尔，把他放到了火炉旁。施玛和阿弗塔扬说：“这个人的行为是多么的可贵！让我们为他祈祷吧。”

从这个故事中可知，无论你处在什么样的境遇中，你都能学习。如果有人说：“我太贫穷了，没有条件学习。”那么犹太人就会给他讲希莱尔的故事，并且问他：“你比希莱尔还要贫穷吗？”

学无止境，其实这个道理很好懂，然而很多人做不到这一点。在他们看来，学习只是获得成绩的一种手段，一旦他们离开学校，他们就会停止学习的脚步。但是他们没发现，这样做只会让自己和别人的差距越来越大，最终成为生活中的愚者。因此，犹太人常说：“没有不适合学习的时机，只有不想学习的人。相比生活上的懒惰，精神上的懒惰更可怕，因为那会让你在不知不觉中变成一个无用之人。”

犹太人教子箴言

《塔木德》中有这样一段话：“知识使人严谨，严谨使人热情，热情使人洁净，洁净使人神圣，神圣使人谦卑，谦卑使人恐惧罪恶，恐惧罪恶使人圣洁，圣洁使人拥有神圣的灵魂，神圣的灵魂使人永生。”

热爱知识，首先要爱惜书籍

将书籍当作你的朋友！这是犹太父母经常告诫子女的一句话。犹太人信奉这样一句话：爱惜你的书籍，因为它是古老的圣贤，是无私的教师，一个不会爱惜书籍的人是愚昧的。

当一个旅行者来到犹太人居住的地方时，他可能会被书店的数量所震惊。犹太人极其爱书，生活中处处都是书籍。比如：以色列到处都是书店，公共图书馆和大学图书馆一共有几百所。也就是说，在这个面积不大的国家中，书店和图书馆是最常见的建筑。据统计，在这国家，平均不到几千人就有一所公共图书馆。

在以色列，人们最喜欢做的事情就是点一杯咖啡，然后在幽静的书店中度过一天。那些步履匆匆的都市人也会买上一份报纸，在工作的间隙学习知识。最受人们欢迎的是公共图书馆。

犹太人还会举办和书籍有关的活动，对犹太人来说，在耶路撒冷举办的国际图书博览会是一年一度的盛会。因为那时成千上万世界各地的人来到耶路撒冷，和他们一起选购书籍，交流读书心得。有人说，书籍之于犹太人，就像化妆品之于女性，一旦遇到了品质优良的商品，他们的钱包就会迅速瘪下去。

书籍是一切智慧的根源

犹太民族被人称为“书的民族”。据联合国调查表明，在人均拥有图书的比例上，没有哪一个国家能够超过以色列。以色列每年出版的图书达几万种，14岁以上的以色列人平均每个月就要读一本书。“去读书吧！”犹太人经常这样说，“如果你遇到了无法解决的问题，很可能就是你书读得太少。”

犹太人的教义是，书籍是一切智慧的根源，想要获取财富，就要阅读大量高质量的书籍。犹太人信奉这样一句话：“书籍是一切幸福的源泉，你想要的一切都可以从书籍中得来。”

艾什卡是一个成功的犹太商人。他白手起家，在几十年的时间内积累了巨额的财富，成为商界的领袖。他的产业横跨多个领域，有汽车、房地产、饭店……“他十几岁的时候我还见过他，那时他还是一个在到处打工的普通青年，没想到如今能取得这么大的成就。”在提到艾什卡的时候，他的同乡总会这样说。

有一次，一个青年来到他的办公室，向他请教：“为什么您既没有人脉也没有资本，却能在这么短的时间里成为如此成功的商人呢？”

艾什卡笑了，指着自己身后的书架说：“答案就在这里，我所有的一切都是从这里得到的。事实上，赚钱是很容易的事情，只要你能够运用从书中得到的智慧。”说着，艾什卡又指了指自己桌子上的几本书：“我每天都要读书，这也是我赚钱的秘诀和方法。”

从这个故事中不难发现，要想走上成功的道路，就要多读书，并且将书中的知识运用到实践中。

犹太人常说：“一个人如果没有钱的话，那他还算不上是个贫穷的人。但是要是他连一本书都没有，那他永远都不会变得富有。”

把书本当作自己的朋友

《塔木德》上说：“把书本当作你的朋友，把书架当作你的庭院。你应该学会欣赏书本的美丽，采其果实，摘其花朵。”犹太人认为，一本好书的价值是不能用金钱来衡量的，它是古老的圣贤，是无私的教师，是可以推心置腹的朋友，我们不仅要认识要书籍的价值，还要爱惜书籍。

有一个犹太男孩从小就很喜欢看书，他常常花上一整天的时间坐在书桌前。他虽然爱看书，但是对书籍并不珍惜，每次看完一本书，他就会将书籍随意地丢弃在角落。

有一次，他坐在书桌前看书，因为翻书时过于随意，有好几书页都被他弄破了。他的父亲就坐在旁边，看到这样的情景后严肃地对他说："如同商人要积累本钱一样，读书人就要好好爱惜自己的书籍。"

之后，父亲教他爱护书籍的方法：读书前要将书桌擦干净，并且铺上桌布；读书时坐姿一定要正确；读完后将书籍放进书架中。孩子认识到了自己的错误，之后再也没有出现随意丢弃书籍的行为。长大后，这个男孩成为一名学者。

从这个故事中不难看出犹太人对书籍的重视，他们常说，热爱知识的人一定会珍惜自己的书籍，想看这个人是否是个愚昧无知的人，只需要看他对书籍的态度。

将书籍带在身边，随时随地阅读

1736年，拉脱维亚的犹太社区通过了一项法律：当有人借书的时候，如果书本的拥有者不愿意将书借给来者，就会被罚款。由此可见犹太人对书籍的重视。

犹太人常说，即使是你的仇人，如果他来向你借书，你也一定要借给他。因为人们之间可以有恩怨，但是不能因此影响真理的传播。如果犹太人在旅途的过程中遇到了一本从没见过的好书，那么他们一定会把这本书带回去给自己的家人和朋友阅读，因为他们认为只有不断地吸收他人的智慧，犹太民族才能得到更好地发展。

犹太人倡导每个人无论去哪里，去做什么，身边都要带一本书，以便在空暇之时阅读。犹太人的教义是，不要去计算自己阅读了多少本书籍，在翻看新书时应该将自己看作一个无知者。

有一个基督徒想在街上租一辆马车。他环顾四周，发现不远处有一排犹太人的马车。走近一看，他只发现了正在悠闲吃草的马儿，却不见马夫。他问在一旁玩耍的小孩："你知道这些马夫都去哪了吗？"小孩说："可能都去马夫俱乐部了。"

这个基督徒来到马夫俱乐部，惊奇地发现，犹太马夫并没有在玩乐，相反，他们坐在长椅上，正在认真地阅读《塔木德》呢！

从这个故事不难发现，对犹太人来说，读书就是最好的娱乐方式，无论在什么样的时间地点，我们都可以读书。

犹太民族是一个智慧的民族，他们曾经遇到过许多的困难：流离失所，远离家园，遭到激进分子的迫害……但是犹太人成功地解决了这些困难，成为让世人尊敬的民族，并且重建了家园，在贫瘠的土地上开出了智慧之花。这一切，都离不开他们爱书、惜书的传统。

犹太人教子箴言

犹太父母经常对子女说："书籍是神圣的、不可侵犯的，你不能对书籍有丝毫不敬。"每一个犹太家庭都有这样的传统：为了表示对书籍的尊重，人们只能将书橱和学习用具放在床头，而绝不能放在床尾。

智慧是金，商人也要学识渊博

在犹太人看来，世界上没有人是贫穷的，除非他从不学习知识。犹太人常说，如果你想成为一个出色的商人，那就要孜孜不倦地学习，只有智慧才能创造财富。

"无知的人无法成为一个真正的商人。"这是犹太人常挂在嘴边的一句话。犹太人在和别人做生意时，会评判这个人是否智慧，如果答案是否定的，他们就不会再和他合作。因为在犹太人看来，智慧是获取财富的关键，一个没有智慧的人无法成为一个成功的商人，既然不是成功的商人，也就没有继续合作的必要。

在现实生活中，有些人并不重视知识对财富的影响。在他们看来，人脉或者小聪明才是在生意场中取胜的关键。犹太人觉得这样的想法十分愚蠢，因为人脉或是小聪明只能让人获得一时的胜利，却无法长久，只有丰富的阅历和渊博的学识，才能让自己在生意场中少犯错误，最终获得成功。

智慧是财富之源

《塔木德》上说："智慧是财富之源，当别人以为一加一等于二的时候，你应该想到大于二。"犹太人曾经四处流浪，远离家园，受到别人的迫害，在大多数时候，他们生活的地方，都是贫瘠的、贫困的。比如以色列，这是一个资源严重缺乏的国家，实在不是一个理想的居所。然而，当世界各地的犹太人来到这里后，他们不仅在这片贫瘠的土地上生活了下来，还创造了大量的财富。这一切，都源于犹太人的智慧。

"你不用为物质上的贫穷而感到忧虑，只要你拥有知识，你就能用自己的智慧创造财富。"这是犹太人挂在嘴边的一句话。

有一次，美国福特汽车公司的一台大型电机发生了故障，公司的技术人员研究了很久，都没有找到解决的办法。公司只能从德国请来专门的电机专家斯坦门茨，经过仔细的检查后，他用粉笔在电机的一处画了一条线，说："只要把这里的线圈减少16圈就可以了。"技术人员照此维修，最后真的修好了电机。

结束后，斯坦门茨提出了自己的报酬：1万美元。一条线竟然要1万美元！有些人觉得他狮子大开口，但是斯坦门茨却认真地说："也许这一条线只值1美元，但是知道画在哪里却值9999美元。这1万美元不是那条线的价值，而是知识的价值。"

从这个故事不难看出，知识是无法被定价的，一个拥有知识的人永远都不会贫穷，因为只要他愿意，他随时可以将自己的智慧转化成财富。

学识渊博的商人更容易获得成功

成功的犹太商人从不满足学习业务知识，对那些与生意没有什么关系的知识，他们也知道得很详细。比如：他们知道生活在大西洋的鱼类的习性，也知道路边那棵不知名的树什么时候结果子，而且对于这些知识，他们并不仅仅停留在了解的程度而已，他们会深入学习这些知识，甚至达到专家的水平。

有些人对犹太商人的这种行为很不解，在这些人看来，这些知识和生意没有什么关系，虽然可以为生活增加一点乐趣，但是花大量的精力在这些事情上，岂不是浪费自己的时间？其实，犹太人学习这些知识，不仅仅是为生活增加趣味，还为了开阔自己的眼界。只有拥有广阔的视野，才能做出正确的判断。犹太人常说："拥有丰富的学识，是一个商人的基本素质。"

有一个日本商人想扩大自己的业务，看重了犹太人掌握的钻石生意。他明白日本的钻石生意不景气，自己很难达到目的，于是，他来到世界钻石大王玛索巴氏的办公室，向这位钻石大王请教："你知道怎么做，才能在钻石生意中成功吗？"

玛索巴氏毫不犹豫地说："想要成为一个成功的钻石商人，你必须要先拟好一个百年计划。你首先要明白一点：经营钻石生意，太过心急是不行的，你必须要让你的孩子参与进来，这样才有成功的可能。其次，你要获得别人的信任和尊敬，这样别人才会愿意和你做生意。最后，也是最重要的一点，你的学识必须要非常渊博。"

日本商人说："关于你前面说的两点，我要回去好好想一想。但是关于第三点，我有十足的把握可以做到，因为我曾经被人称为'百事通'。"玛索巴氏想考一考日本商人，就问："你知道澳大利亚一带的热带鱼叫什么名字吗？"日本商人哑口无言。

一般来说，在谈判之前，聪明的犹太商人会先和对方聊聊天，犹太商人都很健谈，他们可以从17世纪英国诗人的作品聊到前不久节假日的消遣。聊天过后，对方会发现这个犹太人是一个学识渊博的人，心中不由得对他另眼相看，这对谈判有很多好处。

此外，犹太人认为，学识渊博的商人不仅更容易获得顾客的信任和尊重，还能从祖先的智慧中找到赚钱的秘诀，从而避免在生意场中走弯路。

积累知识比积累财富更重要

犹太人从来都不认为自己是一个聪明的民族，在面对别人的赞美时，他们常说："我们并不是天才，只是喜欢不断地学习，增长自己的知识。"犹太人之所以能在世界中独领风骚，成为"世界第一商人"，就是因为他们拥有进取的精神，通过不断的学习来提高自己的各种技能。

世界上有很多天赋很高的人，然而他们中的大部分人一生都停留在平凡的岗位上。他们很聪明，却不愿意学习；他们对自己的现状十分满意，不愿意提高自己的技能。他们羡慕别人的成就，自己却不愿意做出改变。因此，他们终其一生都是一个平凡人。因此，犹太人常说："正是因为世界上有那么多不愿意学习的商人，犹太人才能在商界站稳脚跟。"

德米克是一个没有任何工作经验的小伙子，在他刚刚来到商店工作时，老店员汉姆对他不屑一顾。汉姆经常对德米克说："你要跟着我好好学学，我在这家店已经干了十年，没有比我更称职的店员了。"虽然汉姆这样说，但是其实店员的工作非常简单，而且自德米克来到这里后，汉姆就经常指使德米克，自己在一旁偷懒。

虽然汉姆经常刁难德米克，但是这个小伙子却没有任何的脾气，他很喜欢在店里忙前忙后。他会认真地记下顾客的喜好，并且分析哪一种商品更加受人喜欢。在休息的时候，他会去上课，学习经营知识。

一年后，德米克离开了这家商店，开了自己的商店。他的商店很受欢迎，没过多久，他就开了一家分店。几年后，当德米克路过刚刚工作的商店店时，发现汉姆还在里面工作，他的工作还是那么简单：按顾客的要求取东西。

从这个故事中不难发现，只要不停地积累知识，其实人人都拥有成功的机会。而那些满足眼前成就，不愿意学习的人，也只能重复最单调的工作，最终对着别人的成就叹息而已。

犹太人教子箴言

犹太人将成功的商人称为“智慧的种子”，因为他们明白，只有拥有智慧，人们才能应付各种各样的问题，在复杂的生意场中站稳脚跟。

像尊重父母一样尊重教师

在犹太社会中，教师是一个十分神圣的职业。犹太父母常对子女说：“老师告诉你人生的真理，所以你应该像尊重父母一样尊重他们。”

犹太民族十分重视教育，以色列开国元勋本·古里安曾说：“没有教育就没有未来。”在以色列的各项经费中，教育经费所占比重极高，甚至超过了很多发达国家，这对资源严重缺乏、军费颇高的以色列来说是很不容易的。

犹太人从小就听着这样的教诲长大：“一个不重视教育的民族是没有前途的民族。”以色列到处都是学校，人人都要接受教育，学识渊博之人会受到人们的尊敬。

在这样的文化氛围中，尊敬教师似乎是再正常不过的事情了。在犹太社会中，教师是一个极为神圣的职业。犹太人认为，传授知识的人最值得尊敬，父母给了我们生命，教师给我们智慧，所以我们应该像对待父母那样对待教师。

从犹太人在婚姻嫁娶的问题上也可以反映出他们对教师的敬重。自中世纪以来，很多犹太人都有这样一种观点："与学识渊博的教师结合是最幸福的婚姻。"可见教师在他们心中的地位。

尊重教师是犹太人的优良传统

《密西拿》中把教师称为"塔尔米德哈卡姆"，意思是"圣贤的学生"。犹太人对待拥有"塔尔米德哈卡姆"身份的人十分恭敬，在他们的教义中，那些侮辱"塔尔米德哈卡姆"的人都会受到惩罚，如果情节十分严重，还会被赶出犹太社会。那些能够与"塔尔米德哈卡姆"女儿结婚的人，一定也是个品德优良的人。在犹太人的社会中，流传着很多关于尊重老师的故事，其中提到最多的，就是这个记载在《塔木德》中的故事：

有两位检察员来到一个小镇上，要求拜见守护这座小镇的人。警察局长听到消息后马上出来迎接，这两位检查员却说："我们要见的是这座小镇的守护者，不是你。"

这时，小镇上的守备局长赶了过来，检查员又摇了摇头，说："我们想见的既不是警察局长，也不是守备局长，而是这个小镇的教师。警察和部队都有可能破坏城镇，唯有教师能给城镇带来光明，他们才是真正的守护者。"

从这个故事中可知，对犹太人来说，教师才是犹太民族的守护者，教师的好坏关系整个民族的前途。

犹太人要求子女像尊重父母一样尊重老师，甚至要把老师看得比父母还重。因此，犹太人中流传着这样一个故事：有一个孩子被父亲含辛茹苦地拉扯大，他父亲常对他说："你应该像对待我一样对待老师。"有一次，他和父亲、教师一起出海，不幸遇上了大风浪，父亲和老师都掉进了海里，而这个孩子选择先救教师，再救父亲。由此可见教师对犹太人的意义。

不尊重教师的人会受到惩罚

在现实社会中，有些人只是将教师当作知识的传播者，一旦自己的学识超过教师，他们就不再尊重教师，甚至鄙视教师。对于这样的人，犹太人是十分厌恶的。犹太父母经常对子女说："要像尊重父母一样尊重教师，既然你不会因为父母年龄增长而厌恶父母，你也不能因为自己的学识增长而鄙视教师。"犹太人认为不会尊敬教师的人最终会受到惩罚。

约力夫是一个摔跤高手，他有很多种绝招，对手根本猜不到他的招数。在他众多的徒弟之中，他最喜欢英俊的萨利尔。萨利尔力气很大，头脑灵活，很快就成为一个小有名气的摔跤手。

有一天，国王点名要看萨利尔摔跤。萨利尔来到国王面前，几招就将自己的对手打败了。他还向国王夸口道，其实自己已经拥有战胜老师约力夫的实力，之所以没有打败他，是因为顾忌老师年老。国王听后，就命人选了一处宽大的场地，让师徒二人比赛。

比赛开始后，萨利尔像一只雄狮，气势汹汹地朝约力夫冲去，他认为自己的力气比较大，一定可以战胜老师。没想到，还没等萨利尔反应过来，约力夫就用一个他从没有见过的招数打败了他。

看到萨利尔不可置信的模样，约力夫说："我留这一手就是为了防止这一天的出现。如果你足够尊重我，那么再过几年我可能会将这一招传授给你。但是很可惜，你永远都不可能打败我了。"

在这个故事中，如果萨利尔没有那么自大和鲁莽，如果他能够尊重传授自己技艺的教师，那么总有一天他会成为世界上最强大的摔跤手。然而，因为他的愚蠢，他不仅失去了师傅的信任，还让国王看到了他狂妄自大的一面。

犹太人教子箴言

《塔木德》上说："教师是学生生活中地位最高的人，他应该比父母的地位更高。"此外，犹太民间还有很多类似的格言："如果父亲和教师一起进入监牢但是又只能保释一人的话，你应该选择保释教师。"

把目光放长远，不要计较眼前的得失

犹太人十分懂得"放长线钓大鱼"的道理，在做一件事之前，他们会权衡利弊，如果这件影响到最终结果，那么无论这件事情能给他们带来多大的利益，他们都会选择放弃。

《塔木德》上说："在仔细权衡利弊得失之前，不要采取盲目的行动。"这句话对犹太人影响极大。在犹太人看来，凭借感觉做事的人，也许能够取得一时的胜利，但是难以长久，因为这世间的大多数事情，都需要人们耐心谋划才能做成。

有人将犹太人比喻成"狡猾的猎手"，从某种程度上来说，这种比喻十分恰当。在确定猎物之后，犹太人不会立刻对猎物出手，因为他们知道打草惊蛇的后果。犹太人会耐心地等待，即使在这过程中他们会有所损失，但是在他们看来，只要能取得最终的胜利，等待和牺牲都是值得的。

只顾眼前利益的人只能得到短暂的欢愉

人们往往容易被眼前的利益所吸引，常常对自己说："明天的事情，明天再去考虑，我只需要过好今天。"然而，他们却没有发现，他们当下的所作所为，已经为自己的未来埋下了伏笔。等走到绝境的那一天，他们还不知道自己错在哪，只会对天感叹："为什么我的命这么苦？"

犹太人十分厌恶这种人。在犹太人看来，这世界其实很公平，只要你能掌握这世间的规律，你就能获得自己想要的东西。然而，真理不会自己进入你的脑海中，你必须要站在长远的角度思考自己的命运。

有两个饥饿的人得到了长者的恩赐：一根鱼竿和一篓活鱼。一个人要了一根鱼竿，另一个人要了一篓活鱼，之后就分开了。拿到活鱼的人，马上生火将鱼煮熟，狼吞虎咽，不一会儿就将一篓鱼吃完了。过了半个月，找不到新食物的他饿死在鱼篓旁。拿到鱼竿的人兴致勃勃地往大海走去，但是他的运气不好，一天都没有钓到鱼。最后，他饿的连鱼竿都拿不住，最终饿死在鱼竿旁。

又有两个饥饿的人得到了一根鱼竿和一篓活鱼。但是他们没有分开，而是决定一起去捕捞活鱼。他们将鱼竿固定好，耐心等待鱼儿上钩。如果饿了，他们就煮鱼篓里的鱼吃，而且规定每次只煮一条鱼吃。最终，他们钓上了鱼，成功地活了下来。后来，他们在海边以捕鱼为业，还各自娶妻生子，过上了幸福的日子。

从这个故事中不难发现，只顾眼前利益的人，得到的只是短暂的欢愉；只有那些拥有长远目光的人，才能在复杂的社会中生存下来，找到自己的价值，实现自己的目标。

从长远考虑，才能获得长远的利益

犹太人常说："无论做什么事情，都要从长远考虑。这样虽然不能立刻获得收益，但是能够在之后获得更大的利益。"在做事情时，犹太人往往不会满足于蝇头小利，而会思考怎样做才能收获更大的利益。他们擅长"放长线钓大鱼"，不会为眼前的一点小利而失去获取更多财富的机会。

有一个年轻人很想成为富翁，但是无论他怎么努力，就是达不到自己的目标。有一天，他遇到一个富翁，就向富翁请教："为什么我无法成为一个富人呢？请问您的致富之道是什么？”

富翁没有正面回答他的问题，而是拿出了三块大小不等的蛋糕放在青年面对，问他：“如果这三块蛋糕代表的是财富，你会选择那一块？”“当然是最大的那一块。”青年毫不犹豫地说。富翁笑了，说：“好，那请你吃吧。”

富翁将最大的那块蛋糕递给青年，自己开始吃最小块的蛋糕。很快，富翁就吃完了蛋糕，这时青年只吃了一小半。富翁拿起第二块蛋糕，笑眯眯地对青年说：“这块蛋糕就归我了。”随即大口吃了起来。

这个青年立刻明白了富翁的意思：自己虽然拿了最大的那块蛋糕，但是富翁吃得却比自己多。自己只看到了眼前的利益，结果导致错失了获得更大利润的机会。

从这个故事中不难发现，如果没有长远的眼光，就会在现实生活中迷失，不明白最重要的事情是什么，从而错失创造更多财富的机会。

目光长远，才能实现最后的目标

犹太人常说：“没有长远眼光的人难以获得成功。”不会用发展的眼光去分析事物的人，是不可能成就一番事业的。为了实现最后的目标，犹太人可以忍耐眼前的痛苦。

伊莱是以色列情报机构摩沙迪的高级间谍。有一次，伊莱发现老牌纳粹分子费朗兹藏匿在叙利亚。在二战期间，费朗兹残害了很多犹太人，如果能抓获这个纳粹分子，必定能振奋以色列的国民精神。

伊莱立刻将这个消息报告给摩沙迪，并且建议由自己就近将这个纳粹分子处理掉。但是摩沙迪却给伊莱下了一份这样的命令：“不要行动，立刻放弃这个目标。”

其实，摩沙迪做出这个决定是有原因的。当时，伊莱正在叙利亚情报组织卧底，其主要任务是搜集叙利亚的军事情报，除掉费朗兹势必会暴露伊莱的身份。

虽然费朗兹罪恶滔天，但是他现在对以色列没有威胁，而此时叙利亚和以色列的关系很紧张，战争一触即发。两者相比，当然是保护伊莱的身份更加重要。

接到这个指示后，伊莱有些不甘心，他再次向摩沙迪请求："请让我给费朗兹寄一个炸弹，恐吓一下他。"摩沙迪立刻拒绝了这个请求，指示道："请马上放弃这个目标！"伊莱只能放弃。

不久之后，第三次中东战争爆发了。根据伊莱的情报，以色列很快就攻占了戈兰高地。最终，以色列在这次战役中大获全胜。虽然费朗兹逃掉了，但是以色列获得了更大的利益。

从这个故事中不难发现，想要获得你想要的东西，就必须用发展的眼光看问题，明白什么是最重要的事情。

犹太人教子箴言

犹太拉比曾说："只能看到脚下土地的人，往往不会有大出息。"犹太父母也经常对子女说："将目光放长远一些！要知道，走到最后的人才是真正的胜利者。"

善于思考的人才能开出智慧之花

真理就在你面前，就看你能不能发现它。这是犹太人经常挂在嘴边的一句话。犹太人认为，一个善于思考的人，即使身处困难的生活环境中，也能开出智慧之花。

我们每天都在经历变化，各种各样的信息像纷繁的雨点一样来到我们面前。

在这些信息之中，有世间的真理、致富的秘诀，还有成功的捷径。然而，很多人却对这些“珍宝”视而不见，他们像盲人一样，从这些“财宝”旁边路过，继续过平凡的生活。

为什么会这样？犹太人认为，这是因为他们不懂得思考。人们虽然接收到了这些信息，却不懂得分析、处理，运用它们；虽然得到了一块璞玉，却不知道如何打磨它；虽然经历世间的变化，却不能洞悉到变化的规律。

一位犹太商人说：“思考是最艰难的工作，所以很少有人愿意从事它。”的确如此，对一个售货员来说，相比思考这家店为什么会如此受欢迎，当然根据顾客的要求从货架上拿东西要简单得多；对一个学生来说，相比思考知识点之间的联系，照着书本读则更容易。我们经常能看到这样的情景：人们忙忙碌碌，看上去勤劳辛苦，但是实际上他们收获得很少，甚至付出的和获得的不成正比。因此，犹太人常说：“要想改变你的处境，你首先要学会思考。”

缜密的思考会带来可观的财富

犹太人认为世界上没有永远贫穷的人，如果有的话，那么他一定是一个懒惰的人。这里所说的“懒惰”，不仅仅是指不去工作，不愿意学习，还指不愿意思考，不愿意积累知识。在生活中，我们会看到这样的人：他们勤勤恳恳，似乎能够被评为“工作模范”，但是他依旧不能获得成功，只能过着贫穷的生活。其实，他之所以贫穷，是因为他从未真正的思考过。犹太人常说：“一个善于思考的人，绝不可能是贫穷的。”

乔治马上要退伍了，他一直没想好自己应该做什么样的工作。有一天，他去洗衣店拿衣服时，发现洗衣店会在烫好的衬衣领上加上一张硬纸板，以此防止变形。我能不能从这上面赚钱？乔治想。于是，他写信给厂商咨询，得知这种硬纸板的价格是每千张1美元。如果在硬纸板上印上广告，再以每千张4美元的价格卖给洗衣店，不就可以赚钱？乔治的想法越来越具体。

不久之后，乔治发现，客户取回干净的衬衫后，就把硬纸板丢掉了。怎么才能让客户保留硬纸板呢？乔治又开始思考。后来，乔治决定在硬纸板的正面印上广告，而在背面印上人们感兴趣的东西，如填字游戏、美味食谱、着色游戏等。这样做之后，乔治的生意大增，甚至有人抱怨自己的妻子为了收集乔治的游戏，把刚刚洗过的衣服又送到洗衣店。

从这个故事中不难发现，其实生活中处处是商机，只是看你是否能够发现。若你是一个善于思考之人，那么财富一定在不远处。

从思考中获得智慧

在生活中，我们会遇到各种各样的困难，人们经常感叹："为什么我明明什么事情都没有做错，却得不到上天的厚待？"对于这种情况，犹太人的看法是："没有人天生就是上帝的宠儿，麻烦和问题是我们最好的伙伴。"在遇到麻烦时，犹太人从不抱怨世道不公，而是运用自己的智慧将问题解决，甚至将麻烦变成财富。你不能指望灵感从天而降，只能不断地思考，通过思考找到解决问题的钥匙。

有一个人继承了一大块土地。从天而降的财富本该让人惊喜，但是他却高兴不起来，因为这是一块贫瘠的土地，既没有具有商业价值的木材，也没有矿产。他唯一要做的，就是每年为这块土地支付大量的税金。

他很烦恼，每天抱怨道："为什么我这么倒霉！"因此，当一个犹太商人找上门来，提出购买他的荒地时，他高兴坏了。"这个人的脑子肯定不好使。"他暗喜道。最终，他以每亩10美元的价格，卖出了这块荒地。

那个"愚蠢"的犹太商人之所以买下这块地，是因为他发现这块地位于山顶，人们可以在此欣赏连绵几千米的景色，而且他还注意到，这块土地上长了一片小松树。

买下这块荒地后，商人开始建造木头房屋，每一栋木屋有三间房。这些木屋的建筑成本很低，因为他用荒地上的小松树作建筑材料。商人在木屋旁边建造了一个大餐厅，在不远处建了一个加油站。商人将这些木屋当作避暑别墅，以高价租给附近城市的居民们，通过这块荒地，商人每年可以赚几十万美元。

从这个故事不难发现，生活中的困难和挑战也可以被妥善地解决，甚至能够变成我们成功的助力，只要我们勤于思考，就可以发现隐藏在问题中的机遇。

独立思考——学会自己找答案

有一次，爱因斯坦的老师对他说："你什么都好，也很聪明，但是你有一个缺点，就是不愿意让别人告诉你答案，一定要自己去发现。"其实，爱因斯坦的这个"缺点"，正是犹太人最看重的可贵品质之一——独立思考。

犹太人信奉这样一句话：不迷信权威，不人云亦云，敢于独立思提出问题、分析问题，才能看到别人看不到的事情，得到问题的答案。犹太人常说："当平凡者拘泥于一种思维模式时，优秀的人却以独特的思维方式独树一帜。"

有一个教士向一个青年提问："有两个犹太人从烟囱中掉了下去，一个弄得一身脏，另一个却很干净，那么谁会去洗澡呢？"青年回答："当然是弄得一身脏的人。"教士说："实际上，满身脏的人看到干净的人，心里会想：我一定像他这么干净，从而不会去洗澡；干净的人看到满身脏的人，心里会想：我一定像他这么脏，所以他一定会去洗澡。"

教士接着问："后来这两个人又从烟囱中掉了下去，那么这次谁会洗澡呢？"青年答道："当然是那个干净的人。"教士说："你又错了。上次干净的人洗澡时发现自己并不脏，而脏的人则相反。所以，这次满身脏的人会去洗澡。"

教士又问："这两个人第三次从烟囱中掉了下去，这次谁会洗澡？"青年答道："当然是那个满身脏的人。"教士说："你见过两个人同时从烟囱中掉下去，结果一个人干净，另一个人脏的吗？"

从这个故事中不难发现，如果你不会独立思考，那么你永远都不能发现问题，也不能找到问题的答案。

古时，当人们向犹太拉比求助时，拉比一般不会直接将问题的答案告诉来人，而是会给他讲故事，即使他听了故事之后还是不明白，拉比也不会再多说什么。因为在拉比看来，通过自己的思考去弄清楚个中缘由，比直接获得答案重要得多。

犹太人教子箴言

有一位拉比在教育学生时说："事情的结果固然重要，但是思考的过程才更加宝贵。只有不断地发现问题，通过独立思考解决问题，才能让自己更加智慧。"

注重创新：标新立异才能走向成功

为什么犹太人会在各个领域获得卓越的成就？一个很大的原因就是他们敢想别人所不想，做别人不敢做。犹太人擅长在平凡的事情中发现新的机会，找到解决问题的新方法。标新立异、另辟蹊径，是犹太人成功的秘诀。

没有做不到，学会“无中生有”

在犹太人看来，没有什么事情是做不到的，他们最擅长的，就是从“无”中生出“有”来。犹太人常说，如果一个人能充分发挥主观能动性，那么他一定能做到“心想事成”。

“没有什么事情是不能做的，你要学会‘无中生有’。”这是犹太人经常说的一句话。很多人将犹太商人看作是“魔法师”，因为犹太商人总能从平凡的小事中发现商机。其实，他们并没有“一点即通”的头脑，也没有预知未来的能力，他们之所以能获得成功，是因为他们擅长将别人手中没有用处的东西，变成财宝。

犹太人常说：“只要合法合理，没有什么事情是做不成的，而那些做不到的人，大多是不敢尝试，不愿意创新的人。”在他们看来，这世间的万事万物都能为我们所用，一切的信息都是财宝，只是看你有没有发现财宝的能力。

任何东西都可以成为商品

《塔木德》上说：“任何东西到了商人手中都会成为商品。”这一句话曾遭到很多人的质疑：空气可以成为商品吗？想法可以成为商品吗？如果你遇到一个精明的犹太商人，他会回答你：“可以。”如果你不相信的话，不妨看一看下面这个故事：

1984年圣诞节前夕，尽管美国的很多城市都刮起了大风，人们缩在大衣中瑟瑟发抖，但是玩具店门前却排起了长龙。虽然人们的脸被寒风吹得通红，但是没有一个人愿意回家，因为他们都在等待领养一个高40多厘米的“椰菜娃娃”。

为什么人们要去玩具店领养娃娃？“椰菜娃娃”又是什么呢？原来，“椰菜娃娃”是一种风靡全美的玩具，它是由美国奥尔康公司总经理、犹太人罗拔士创造的。

通过市场调查，罗拔士了解到，市场需求已经由“智能型”转向“温情型”，于是他当机立断投入大量的人力和物力生产“椰菜娃娃”。果不其然，“椰菜娃娃”一上市就受到了人们的喜爱。那时，每个孩子都闹着要买一个“椰菜娃娃”。

这种玩具还十分受成年妇女的喜爱。在当时，美国的离婚率逐年上升，离婚后的妈妈很难见到自己的孩子，“椰菜娃娃”便成为她们感情的替代品。

为了让“椰菜娃娃”更具温情，罗拔士向外界宣布，奥尔康公司每生产一个娃娃，都会给附上出生证、手印、脚印，娃娃的臀部还盖有“接生人员”的印章。人们在购买时，要签署“领养证”，确定“领养关系”。于是，人们都将这个可爱的娃娃当成自己的家庭成员。奥尔康公司每生产出一批新的娃娃，玩具店门前就会排起长龙。

后来，罗拔士开始销售与这个娃娃有关的物品：床单、尿布、推车……虽然这些商品价格不菲，但是人们乐于为自己的娃娃买单。就这样，这个普通的娃娃成为奥尔康公司的标志，使其销售额大幅度增长。

在这个故事中，犹太商人罗拔士充分利用了“无中生有”的智慧，他虚构了一个“椰菜娃娃”，并让娃娃成为顾客感情的寄托。当“椰菜娃娃”大受欢迎时，他又适时地推出了一系列与娃娃有关的商品，让奥尔康公司受益无穷。

将别人眼中的垃圾变成财宝

“我根本没有成功的条件，我身边能够利用的东西太少了。”在生活中，我们常常听到这样的抱怨。很多人认为家庭出身、人脉资源决定自己是否能够成功，如果没有这些，那么自己无论付出多大的努力都不会实现理想。

犹太人并不认同这种想法。在漫长的流浪生涯中，犹太人面临的处境比寻常人更艰难：他们连家园都没有，更别提家庭出身；他们中的很多人都是孤身一人在异乡打拼，并没有人脉资源。然而，犹太人却能在艰苦的环境中生存下来，并最后获得成功，靠的不是他人的帮助，而是自己的智慧——将别人眼中的垃圾变成财宝。

父亲去世后，犹太人麦考尔独立经营着铜器店。他干得不错，几年后成了一个小有名气的商人。“他就是运气好。”在提到麦考尔时，他的竞争伙伴总是这样说。然而，一堆不起眼的垃圾改变了他们的看法。

美国政府决定重新修建自由女神像，拆除完旧的神像后，有一大堆废料没有办法处理，政府不得已向社会招标。但是几个月过去了，仍然没有人应标，因为纽约对垃圾有严格的规定，没处理好就会被罚款。

麦考尔当时正在法国旅行，听到这个消息后，他马上飞回国。看到自由女神下堆积如山的铜块、木料后，他当即和政府签订了协议。“麦考尔疯了。”知道这个消息后，他的竞争对手都这样说。

当竞争对手等着看他的笑话时，麦考尔开始处理这堆垃圾。他请了一群工人为废料进行分类：将废铜融化，并且铸成小自由女神像；将木料加工成自由女神的底座；将边角料变成纽约广场形状的钥匙扣。

不久之后，麦考尔以高价出售了这些物品，结果居然供不应求。他利用这些垃圾大赚了一笔，成功地将铜器店变成了麦考尔公司。

从这个故事中不难发现，生活中到处都是机会，只要你能将别人眼中没有用的东西，变成自己生财的工具，你就能为自己赢得可观的财富。

将看似毫不相关的事情联系起来

一位拉比曾说："世界上的万物都是有关联的，如果你能发现他们之间的联系，你就能发现真理。"犹太人说的"无中生有"，一个重要的方面就是要将看似毫不相关的事情联系起来，以此获利。

图得拉是一个平凡的工程师。有一次，他从一位朋友那里打听到阿根廷的一家公司需要购买乙烷，同时又知道阿根廷有很多牛肉卖不出去。

他飞到西班牙，那里的造船厂正为自己没有订单发愁。图得拉对他们说："如果你们愿意购买牛肉，我就在你们这里订购一艘邮轮。"造船厂的人答应了。就这样，图得拉将阿根廷的牛肉卖给了西班牙。

之后，图得拉又找到一家石油公司，对他们的负责人说："我愿意购买你们的乙烷，但前提是你们要租用我在西班牙建造的邮轮。"负责人同意了。再然后，图得拉将从石油公司购买来的乙烷卖给了阿根廷那家急需乙烷的公司。

图得拉是用贷款支付购买牛肉的钱，一分钱不花做成了两笔生意。

从这故事中不难发现，如果我们善于思考和观察，找到事物之间的联系，就能够"无中生有"，给自己带来一本万利的经济效益。

犹太人教子箴言

"即使你什么也没有，你依然能握有成功的钥匙，只要你能'无中生有'。"这是犹太人经常说的一句话。身无分文并不是问题，只要你能发现蕴藏在小事中的机遇，就能打个漂亮的"翻身仗"。

从事情的反面去思考问题

犹太人常说：“如果你在卡片的正面发现不了信息，那就把卡片翻过来，你会发现答案都在背面。”不限制自己的思维模式，从事情的反面思考问题，这是犹太人解决问题的秘诀。

犹太民族被称为世界上最智慧的民族，那么他们的聪明才智到底源于什么呢？当然不是来源于犹太人的天赋，事实上，犹太人常常说自己是一个愚笨的普通人。聪明才智源于两个方面：不断获取知识的学习态度和发散性思维。在考虑问题时，他们不会只看问题本身，而会从问题的各个角度去思考。犹太人常说，用逆向思维模式考虑问题，会得到意想不到的收获。

在生活中，人们习惯性运用自己的正向思维考虑问题，但是很多事情是正向思维无法解决的。比如：马上要迟到了，但是此时电梯前排起了长队，运用正向思维的人会选择爬楼梯或者排队，但是如果公司的楼层很高或排队的人过多的话，这样的做法并没有用处。那么，运用逆向思维的人会怎么做呢？他们会走上二楼，选择下行的电梯，抵达一楼后不出电梯，省去了排队的时间。

犹太人常说，如果你只会用正向思维思考问题，那么你可能对某些问题束手无策；反之，如果你能改变自己的思维模式，从事情的反面思考，那么问题就会迎刃而解。

思维上的“精明”：逆向思维

犹太民族被称为世界上最精明的民族，世界上到处都是成功的犹太商人。华尔街的金融家有近一半是犹太人，摩根、所罗门兄弟、莱曼都是商界大鳄，而如今提到洛克菲勒、哈默时，人们依然会竖起大拇指。

没有人会怀疑一个犹太商人的智慧，也没有人敢在犹太商人眼皮底下玩小聪明。犹太商人是诚信的、可靠的，但是同时他们又是极其精明和狡猾的。一个成功的犹太商人从不触犯法律，也从不以自己的良知换取利润，但是他们却能找到规则的漏洞，在其允许的范围内让规则为自己所用。

有一天，一个犹太人走进纽约的一家银行，他来到贷款部门，慢悠悠地坐下来。“先生，请问您有什么事情吗？”贷款部门的营业员一边小心翼翼地询问，一边观察这个人的打扮：名贵的手表、考究的西装、镶着宝石的领带夹……这是一个大客户，营业员想。

这位犹太人说：“我想借点钱。”“没有问题，您想借多少呢？”“1美元。”“只需要1美元吗？”营业员吃惊地张大嘴巴，忍不住重复了一遍。“是的。”犹太人笃定地说。“好的。”营业员说，“只要您有担保，我们就可以借给您。”

“没问题。”犹太人从自己豪华的皮包里取出一大堆股票、债券等放在柜台上后说道，“这些担保可以吗？这些一共价值50万美元。”“当然可以。”营业员很迷惑地回答道，“您只需要借1美元吗？有了这些担保，您再多借一点也没关系。”

犹太人说：“是的，我只需要1美元，有问题吗？”“没有问题。”营业员立刻回答道，“我们的年息为6%，您只需要支付6%的利息，一年后还清，我们就能把这些股票和债券还给您。”“好的，谢谢你。”办完手续后，犹太人准备离开银行。

银行经理站在一旁目睹了整件事情，他实在是不明白为什么这个人只借1美元，于是他追了上去，对犹太人说：“先生，我能向您请教一个问题吗？”“当然可以。”“我不明白，你明明拥有50万美元，为什么要来银行借1美元呢？如果你想借20万美元或者30万美元的话，我们也会很乐意借给你的。”

犹太人笑了，回答道：“我的本意并不是借钱。在来这家银行之前，我问过好几家金库，想要租他们的保险箱，但是租金都很昂贵，所以我就来贵行以贷款的形式寄存这些股票和债券，一年只需花6美分，实在太划算了。”

从这个故事中不难发现，运用逆向思维思考问题，不仅能让你找到解决问题的方法，还能让你获得更多的收益。犹太人常说，盘算上的精明只能算是小聪明，思维上的精明才是大智慧，它能让人们在解决问题时更加游刃有余，取得常人预料不到的效果。

逆向思维能让事情更好更快地解决

在很多时候，人们之所以不能解决眼前的困难，是因为他们固守原有的思维模式，一定要按照固有的流程解决这个问题，因为他们认为只有这样做才是合理的，才能解决事情。

犹太人并不认同这样的看法，他们常说，事情的结果才是最重要的，如果方法合乎一定的法规，又何必在意这个方法是否是常规手段呢？此外，在很多时候，将事情反过来解决反而能得到更好的效果。

20世纪60年代中期，艾柯卡被任命为福特一个分公司的总经理。他决定设计出一款新型小汽车，以改善公司的业绩。确定了自己的目标后，他着手绘制战略蓝图。

如何生产出一款受大众喜爱的小汽车呢？公司的高管一般会从生产车间下手，即先生产出保质保量的汽车，之后再进行营销，推向市场。但是艾柯卡却认为，既然最终的成败在顾客身上，那么就要先考虑顾客的需求，再一步一步往后推。

艾柯卡是这样考虑的：顾客买车的唯一渠道就是试车。既然要试车，那就必须将新车送进汽车交易商的展览室中。如何让汽车交易商对新车感兴趣？这需要公司对新车进行大规模的宣传。要完成这些事情，他需要得到公司生产部门和营销部门的支持。同时，艾柯卡意识到要生产汽车模型，还需要公司高级行政人员的同意。在确定需要征求同意的人员名单后，艾柯卡将整个流程倒过来，从后往前推进。

几个月后，艾柯卡的新车进入了市场，立刻受到了大众的喜爱，艾柯卡也凭借这次成功成为福特公司的副总裁。

从这个故事中不难发现，逆向思维更容易打开思路，能够让事情更好更快地解决。因此，犹太人常说："被石头拦住路的时候，就绕到它的背面，那里有新的路。"

犹太人教子箴言

犹太父母经常对子女说："思维方式并非只有正方向，在很多时候，打败固有思维，从反方向考虑问题，反而会取得更好的效果。"

能开锁的不仅仅是钥匙，还有石头

犹太父母从不会给孩子提供现成的答案，他们鼓励孩子去探索、思考问题。孩子想出的办法越新颖，越能得到表扬，因为在他们看来，千篇一律是最可怕的。

《塔木德》上说："开锁不能总用钥匙，解决问题不能总依靠常规方法。"犹太人从小就被教育不能墨守成规。当他们遇到问题时，父母经常会对他们说："你可以想一想，还有没有别的方法可以解决这个问题。"如果他们的方法和别人差不多，父母会告诉他们："如果你要获得更大的利益，那你就要想出与众不同的办法。”如果他们想出了新颖的办法，即使这个方法并不容易实施，父母也会表扬他们。

在犹太人看来，解决问题固然重要，但是运用新奇的思维解决问题更加重要。一位犹太拉比曾说：“总是按照指示做事，虽然能够将问题解决，但是会把你的大脑‘囚禁’起来，当你找不到‘正确答案’时，你就只能束手就擒，成为生活的‘囚徒’。”

没有钥匙也可以开锁

没有钥匙怎么开锁呢？当人们这样对自己说的时候，就意味着已经将自己套在了一个固有的思维模式中，再也找不到别的方法开门了。在生活中，很多事情都处在变化之中，要是人们给自己设置太多条条框框，就会让自己错失成功的机会。

成功的犹太商人经常说：“要是你只知道一种经商模式的话，那么你永远只能是一个小本生意人。”在日新月异的社会中，如果我们要跟上这个世界的节奏和步伐，就要不断地提醒自己：不是只有钥匙才能开锁。

有一个犹太富翁，他有两个孩子。他的年纪渐渐大了，他开始思考让哪个孩子继承自己的财产。

“一定要找一个足够聪明的。”富翁对自己说，“不然即使我给他留了万贯家财，也可能被他花光。”富翁回想自己白手起家的种种，突然灵机一动，找到了考验孩子的办法。

他将两个孩子带到一百里外的一座城市中，然后对他们俩说：“现在，我给你们一人一匹马，一串钥匙，谁能先回到家，打开大门，谁就能继承我的财产。”

兄弟俩人同时出发，几乎同时到家。但是面对紧闭的大门，他们却犯了难，因为父亲给他们俩的钥匙是假的，这串钥匙根本打不开门！

哥哥拿着钥匙串，一个一个地试，急得满头大汗，可是就是找不到那个合适的钥匙。哥哥灰心极了，对弟弟说："看来我输了。"弟弟看上去一点也不着急，因为赶路的时候太着急，他的钥匙掉在了半路上，他对哥哥说："没有钥匙也可以开门啊。"

他拿起门口的一块大石头，几下就把锁砸了，顺利地进了屋。最后，父亲将所有的遗产都留给了弟弟。

从这个故事中不难发现，想要解决问题，我们就要打破常规思维，固守传统只会让我们停留在"大门"外。犹太人深知，在人生的道路上，有很多扇大门是没有钥匙的，我们只能拿起石头，砸碎横在我们人生路上的障碍。

面对困难时从多方面考虑

在一部分人看来，犹太民族是弱小的，因为犹太人人口不多，也没有一副强壮的体格，还曾经被人驱逐、侮辱。虽然犹太人已经拥有了属于自己的国家，但是这个国家资源严重缺乏，并不是理想的居住之所。然而在大部分人的眼中，犹太民族是强大的，因为犹太人中英才辈出，既有改变人们对宇宙认知的科学家，也有影响世界经济格局的商人，还有活跃于世界政坛的政治家。

那么，为什么犹太人能取得这样的成就呢？因为他们面对困难时能从多方面考虑，运用各种各样的工具和办法去实现自己的目的，从不用自己的劣势和别人硬碰硬。

大卫王一向都看不起蜘蛛，因为他认为蜘蛛是毫无用处的怪物，除了四处结网，其他的什么也不会做。

在一次战役中，大卫王被敌人包围，武器都被敌人拿走了。在士兵的掩护下，大卫王突出重围，逃到了一个洞穴中。他没有任何的武器，认为即使自己有强健的体魄，恐怕也很难抵抗众多敌人。

在他垂头丧气的时候，他突然看到了洞穴中的蜘蛛，于是灵机一动："将蜘蛛放在洞穴入口处，用它的网帮我抵挡敌人怎么样？”大卫王决定试一试。他将蜘蛛放在洞口，不一会儿，蜘蛛在洞口结起密密的网。追兵来到洞穴，发现蜘蛛网太厚自己根本进不去，只能在洞外徘徊。后来，大卫王等来了救兵，因此得救。

从这个故事不难看出，面对困难时从多方面考虑，打破常规思维，会让我们寻找到更多生的希望。在这个故事中，如果大卫王依照常规思维，寄希望于坚硬的武器，那么他就不可能得救。

盲人点灯，学会转换自己的思维

犹太人从小就被教育要用新眼光认识身边的事物，每个犹太小孩都听过这个问题：“有两匹马，白马给你，黑马给你的朋友，你们一起骑着马去泉边，后到者胜，你会怎么做呢？”犹太小孩都知道这个问题的答案：“骑着对方的马冲到最前面。”

在父母的教育下，犹太人养成了凡事从多个角度思考的习惯。因为他们深知，只有转换思维，才能更加深入地了解问题。

有一个盲人喜欢在晚上散步，但是他发现一个问题：经常有人撞到他。怎么办？他的朋友建议道：“你可以拿一根棍子，这样人们就会先碰到你的棍子，也就不会撞到你了。”但是这个方法并不好用，还是有很多人撞倒他，甚至对他抱怨：“你的棍子差点戳到我！”

盲人思考再三，想出了一个方法。有一天，盲人和朋友一起散步。在出门前，盲人说：“等一等，我拿一样东西。”说着拿出了灯笼。朋友不解，说：“你提着灯也看不见，何必多此一举呢？”盲人说：“我只是想让过路的人看到我！”

从这个故事中不难看出，学会转换思维的角度，才能看清楚问题与情境之间的关系，从而发现更多、更好的解决方法。

犹太人教子箴言

只知道用老办法解决问题的人，往往不会有大出息。如果你能用新的眼光重新认识生活中那些熟悉的事物，那么当你遇到陌生的问题时，你就会从不同的角度思考问题的答案。

活用一切有利条件，使力量最大化

犹太人常说，这个世界上早已准备好了一切你需要的资源，你所要做的，就是将这些资源整合在一起。借鸡生蛋，善假于物，犹太人倡导活用一切有利的条件，以实现自己的目标。

犹太人认为，人生活在这个世界上，既离不开自己所处的客观环境，又离不开自身的主观条件。比如，很多犹太人自出生起就开始流浪，尝尽苦难；有些人天生的记忆力就比不上别人，别人半个小时就能记住的东西，他们要花费一个小时。

对于这些我们难以改变的事物，犹太人认为，与其思考如何改变它们，不如思考如何利用它们，将障碍变成有利条件，为自己服务。

充分地认识自己，发挥自己的潜能

犹太人认为，想要活用一切可以利用的条件，首先要学会激发自己的潜力。虽然人自身的某些东西是无法改变的，比如肤色、身材的高矮等，但是有很多条件是可以改变的，如专业技能、身体的强弱等。犹太人常说，要改变客观环境很难，那需要所有的人一起努力，但是我们能靠自身的努力改变主观环境，从而激发潜力，改变自己的境遇。

中学时，爱因斯坦是一个很普通的孩子，没有优异的成绩，甚至有老师说他是一个“笨孩子”。但是爱因斯坦没有因此自卑，他清楚地认识到，自己最喜爱、最擅长的学科是物理，所以他一直在物理上下功夫，在报考大学的时候也选择了物理学。

然而，大学毕业后，他并没有被专业的研究院选中，相反，他曾经因为找不到工作而烦忧。为了维持生计，他最终做了一名专利审查员，这份工作与物理学没有任何关系。专利审查员的工作很清闲，这也使他有更多的时间思考宇宙万物。最终，这个物理界的“门外汉”提出了相对论，刷新了人们对宇宙的认知。爱因斯坦曾说：“我知道自己擅长什么，所以就在这方面努力。就像我虽然热爱小提琴，但是因为知道自己没有天赋，所以从未想过成为一名小提琴家。”

从这个故事不难发现，只要你能够充分地认识自己，发现自己的潜能，并且拥有开发出这些潜在条件的意志，你就能成就一番事业。

学会用优势去弥补劣势

犹太人常说：“上帝虽然爱你，但是不会把所有的东西都给你。”犹太父母也经常对子女说：“不要认为所有的好东西都属于你一个人，在大多情况下，你得到的都是不完美的东西。”

世界上没有完美的人，也不存在完美的事情。比如：你搬进了新房，这里的一切都令你满意：价钱公道，面积宽敞，很少听到鸣笛声。然而也有让你不满意的事情：这里离市中心太远，平日出门不方便。

犹太人从未希望遇到百分之百合乎心意的事情，事实上，在漫长的流浪生涯中，他们遭遇到的大部分是苦难。对犹太人来说，生活中的困难要远远多于生活中的甜蜜。那么，在遇到不合心意的事情时，犹太人会怎么做呢？他们的处理原则就是：用自己的优势来弥补劣势，使结果向理想的方向靠近。

20世纪40年代，以色列建国。在最开始的时候，这个国家看上去根本不能住人，因为这里资源严重缺乏，而且很大部分是沙漠。但世界各地的犹太人来到这里后，这个沙漠国家开始焕发生机。

犹太人充分利用自己的人才条件以及掌握的科学技术，积极地改造沙漠，创造了滴水灌溉法。最终，这个贫瘠的沙漠之国变成了一个农业发达的国家。从最初的进口农产品，到农产品自给自足，再到让农产品成为以色列出口创汇的重要来源，也不过短短几十年的时间。

从这个故事不难看出，虽然这个世界上不存在完全符合心意的事情，但是我们可以充分地利用自己的优势，解决劣势带来的不利境遇，让最终的结果趋近于完美。

学会借用他人的优势

《塔木德》上说："这世界上没有什么东西不能借，你可以借金钱，借人才，借技术，甚至借智慧。"在现实生活中，我们之所以能够抵达太平洋的彼岸，能够穿越云层飞向月球，就是因为我们善假于物。

虽然犹太人常说一个人不能过于依赖他人，要学会自救，但是他们也认为，独立并不意味着你要独立完成所有的事情。事实上，很多事情是一个人无法完成的。比如：你需要一个居所，但你无法亲手建造房子，所以你只能向房地产商购买房子；住进这个房子后，你需要物业来帮你管理。因此，犹太人常说，一个成功的人，必定擅长借用他人的优势。

有一天，犹太人洛维格突然想到了一个主意：买一艘货轮，然后将它改装成油轮，以此赚钱。但是当时他手里的资金不够，为了实现自己的想法，他跑了几家银行，希望银行能够贷款给自己，但是洛维格没有任何的担保，自然遭到了拒绝。

这时，他想到了利用石油公司。洛维格有一艘老油轮，他决定将这艘油轮以低廉的价格租给石油公司，然后告诉银行，自己有一个被石油公司包租的油轮，油轮每月的租金可以作为贷款的利息。之后，经过多番努力，银行同意贷款给他。

拿到银行的贷款后，洛维格顺利地买下了货轮，将其改成了更值钱的油轮，并从中大赚了一笔。之后，他以同样的方式将油轮租给石油公司，用租金作为抵押，以此得到更多的贷款，然后再去买船。就这样不断循环，洛维格的资产就像滚雪球一样越滚越大。他每还清一笔贷款，就有一艘油轮归他所有。当他还清所有的贷款时，他已经拥有几十艘油轮了。

从这个故事中不难发现，只要善于借助外力，即使你一无所有，也能实现自己的目标。在这个故事中，洛维格之所以能够“空手套白狼”，就是他善于利用银行和石油公司，而且他的这种利用是合理合法的，最后三方都获得了利益：银行得到了贷款的利息，石油公司得到了廉价的油轮，洛维格得到了财富。

没有人能够脱离社会存在，你所得到的一切成就，其中都有前人的贡献。比如：物理学家布洛赫之所以能在原子核磁场上取得傲人的成就，与他得到著名物理学家海森伯的指导分不开。犹太人之所以能在科学、经济、政治、文化等领域取得前人没有的成就，是因为学习前人的智慧。因此，犹太人常说：“借助别人的力量，让自己的潜力发挥到极致，这是聪明人才会做的事情。”

犹太人教子箴言

一位犹太拉比曾说：“哀叹自己无法成功的人，往往是可悲又可怜的睁眼瞎子。”犹太父母经常对孩子说：“要想变得聪明，就和智慧的人谈话。”

大胆想象，让自己自由呼吸

犹太人认为，没有想象力的人如同一潭死水，即使他学识渊博，他也是一个死板的、没有生气的人。犹太人常说，没有想象力的民族是一个没有创造力、可悲的民族。

爱因斯坦曾说："想象力比知识更加可贵，因为知识是有限的，而想象力是无限的，它概括世间的一切，推动着社会进步。"犹太人常说，想象力是上天给予我们最好的礼物，我们所创造的一起都是从想象中得来。没有想象力，我们就没有创造的能力。

然而，让我们痛心的是，在现实生活中，越来越多的人忽视，甚至故意遏制自己的想象力。如那些在学校学习的孩子，他们为了获得更好的分数，将自己所有的精力都放在背诵"标准答案"上，结果他们成了"标准答案"的奴隶，不敢也不会运用自己的想象力去发现更多的可能。

因此，我们不要试着用要求、标准束缚自己，这样你的头脑会被这些东西牢牢地捆住，导致你不会自由地探索知识，不会发挥自己的才能。你会变成一个被设定好程序的机器人，只会做别人要求你做的事情，没有灵魂，没有生气。

不要嘲笑他人的想象力

在现实生活中，你也许会遇到这样的人：他们做任何事情都要依照程度进行，当听到别人描述自己的想象时，他们会哈哈大笑，然后说："你的想法永远都不会成真，你只是一个幻想家而已。"

犹太人认为这样的人可悲又可怜。他们害怕探索未知的一切，同时又害怕别人的勇敢会显露他们的无知和怯懦，所以他们不遗余力地打击那些富有想象力的人，希望将他们变成如自己一样的人。犹太人认为，一个智者永远都不会嘲笑、讽刺他人的想象力，因为他们知道那代表着希望和未来。

在古代的犹太社区中，人们经常聚在一起讨论问题。有一次，一个年轻的犹太人来到这个社区，当他第一次参加聚会时，他表现得很害羞。当一位年老的拉比对大家说“现在我们请这位新来的青年发言”时，这位年轻人低下头，坐在自己的座位上不敢起来。

此时，拉比走到他面前，对他说：“每个人都是平等的，你和我都要听从真理的召唤。我相信每个人的发言都是有价值的，你的也不例外。”得到了拉比的鼓励，青年人不再推脱，他站起来说出自己的想法。他极富想象力，人们被他的构想打动了，发言结束后，他得到了热烈的掌声。

聚会结束后，青年向拉比道谢。拉比对他说：“你不需要感谢我，因为这里的规矩就是这样，我们会先让年轻人发言。”青年不解地问：“为什么要让年轻人先发言呢？我曾听过这样一句话：‘不要吃不成熟的葡萄，不要喝新酿的酒’。”拉比笑着说：“不管新酒还是老酒，只要质量好就是好酒。”

从这个故事中不难发现，真正有智慧的人从不会用自己的经验和资历去打击别人的想象力，因为他们明白这些看上去难以实现的构想，代表着一个人面对社会现实的理想化追求。

在这个故事中，拉比之所以让年轻人先发言，是因为他明白虽然年老的人有丰富的经验，但是经历世事沧桑，他们已经变得非常现实，只会去追求有保证的东西。年轻人则不一样，他们心中有很多美好的愿望，对生活充满激情，他们那些天马行空的想象力才是社会发展的助推器。

让自己的想象变成现实

犹太人常说：“想象之所以美好，是因为人们能将想象变成现实。如果你不付出自己的行为，那想象也只能是空想，别人不会叫你梦想家，而会叫你空想家。”

几乎人人都能够想象，但是很少人会将自己的想象变成现实。因为当他们脑海中刚刚出现这个念头时，他们就对自己说："这很难实现，你还是放弃吧。"于是他们只能沉浸于不切实际的幻想中。犹太人深知，想象不能成就自我，幻想也无法改变现实，只有付出自己的行动，才能收获如梦一般的未来。

迪士尼从小就有一个创造童话王国的梦想，然而，当他开始工作的时候，这个想法看上去遥不可及。那时，他只是一家广告公司的普通职员，与童话王国相距甚远。不过他没有忘记自己的梦想，在积累了一定财富后，他开了一家动画制作公司，并且制作了动画片《爱丽丝梦游仙境》。这部动画片一上映就得到了大家的喜爱，片约像雪花一样飞向迪士尼。

后来，迪士尼凭借自己的想象创造了大耳朵老鼠"米奇"、三只小猪、唐老鸭等著名卡通形象。之后，迪士尼建造了迪士尼乐园。至此，他的想象终于变成了现实。作为世界上最著名的主题公园，迪士尼乐园不仅仅受到了孩子的喜爱，还吸引了很多成年人，成为很多人心中的"梦之乐园"。

永远都不要害怕你的想象过于奇特，也不要害怕想象无法变成现实。只要你下定决心，在正确的道路上一步一步前行，你就能将心中的构想变成实实在在、可以触摸到的事物。因此，犹太人常说："让自己大胆想象，让世人快乐消费，你就是一个成功的商人。"

犹太人教子箴言

"拥有想象力的人能够得到世上的一切，而没有想象力的人只能得到眼前所见。"这是犹太人挂在嘴边的一句话。犹太父母也经常对子女说："宁愿不要满分，也不能限制自己的想象力。"

学会给自己“洗脑”：大胆创新

犹太人认为，如果不会创新的话，那么学习只是一种模仿，人们只是机械化地将知识记在自己的脑海中。只有大胆创新，才能让知识真正为自己所用。

我们每天要接受很多种信息，学习很多知识，但是如果不会重新思考这些信息和知识，对其进行创新，那么这些信息和知识也只是存放与我们脑海中的一块木头而已，难以为我们所用。

虽然很多人都明白固守某一种思维模式会限制我们的发展，但是在现实生活中，主动求变的人却不多。大多数人害怕改变，担心改变会给自己平静的生活带来风浪。犹太人从不这样想，他们常说，一个人拥有什么样的思维，就会做出什么样的行为，得到什么样的结果。一个固执的、不愿意改变的人，最终能被自己困住，永远都无法改变命运，实现自己的梦想。

犹太人信奉这样一句话：“一切资本的获得和保持都建立在创新上。”也就是说，创新不会让你失去一切，相反，创新是你最好的资本。

创新能促进人类社会发展

这个世界每时每刻都在发生改变，那些不愿意尝试新事物的人往往会被社会淘汰。犹太人认为，创新并不意味着背离传统，只是将传统以一种更加新颖的，更让人们感兴趣的方法呈现出来。

犹太人的教义是，永远都不要害怕改变，今天你所排斥的新事物，可能在百年之后也会成为别人口中的“古董”。创新是促进我们人类社会发展的一个方式，能够让我们的生活变得更加便利。

犹太人杰伦是一家食品连锁店的策划经理。在店员的眼中，这个经理有些奇怪，因为他很少待在商店里，相反，他喜欢在街上散步，喜欢和附近的居民聊天。杰伦最喜欢去富人区散步，虽然那些精美的豪宅让人目不转睛，但是他最喜欢的还是街口的垃圾箱。他经常检查这些从豪宅倒出来的垃圾，并分析哪种食品是这些富豪的最爱。

这个经理有些不务正业，这是店员对他最初的评价。不久之后，杰伦提出了自己的策划方案，而这个策划方案让店员更加确定自己的判断：他不是一个踏实的经理。杰伦的举措是这样的：不再将货品明码标价，顾客必须按下价格钮才能知道商品的价格。这其实是一个“民意测试”，以便让店员更加清楚地知道哪些是畅销商品，哪些是冷门商品。

通过这个“不务正业”的举措，杰伦摸清楚了顾客的喜好，将畅销商品摆在最显眼的地方，将冷门商品下柜。很快，这个人性化的商店得到了附近居民的喜爱，杰伦的策略推行开后，食品连锁店获得了巨大的利润。

从这个故事不难发现，创新可以帮助我们更好地生活，促进人类社会的进步。一位成功的犹太商人曾说：“想要在复杂的生意场中保持自己的优势，就要培养创新的意识，拥有创新能力。”

善于创新的人能够抢占先机

很多人都喜欢有规律的生活，他们希望世界上的万事万物都能按照一定的规律运行。其实这样做无可厚非，因为思维定式能够节省人们的时间，让人们在思考时不走弯路。但是思维定式也会带来麻烦：在这个日新月异的世界，固守一定思维模式的人很难发现新的机遇。因此，犹太人常说：“想要抢占先机，你就必须跳出原有的思维模式，学会别出心裁。”

犹太人彼得森是一个小有名气的珠宝工匠，在积累了一定财富后，他创立了一家戒指公司，并将其称为“特色戒指公司”。

公司创立了，但是当时订婚戒指的市场已经很成熟，要想在这复杂的生意场中找到一席之地，他就必须有自己的经营特色。思考再三，彼得森决定在订婚戒指的图案上下功夫。

那时，订婚戒指大多以心形为构图——象征着爱情。彼得森想：虽然这一点基本已经被市场认可，但是我可以从构图上动脑筋啊。于是，他用白金铸成两朵花，将宝石包住；在白金花蕊中雕刻一个男婴和一个女婴，以此祝福新人未来美好的生活……这些设计立刻得到了顾客的喜爱，他的“特色戒指公司”拥有了一定的名气。

有一次，一个富商找到彼得森，让彼得森帮自己制作一个戒指，他准备将这枚戒指送给一个女影星。彼得森敏锐地察觉到这是一次绝佳的机会，他决定不按照原有的方法制作戒指，而是创造了一种新方法——“内锁法”，也就是让90%的宝石暴露在外，只有底部一点面积与金属相连接。女影星很喜欢这枚戒指，经常佩戴它，“特色戒指公司”也因此名声大噪，人人都以拥有彼得森亲手制作的戒指为荣。

从这个故事中不难看出，想要获得更大的成就，就要不断地创新。否则，你总有一天会被时代、社会所淘汰。

犹太人教子箴言

犹太父母经常对子女说：“想要成功，就要随时进行自我更新。故步自封、因循守旧，只会让你的辉煌成为过去，而你终将被时代的大潮所淘汰。”

第十章 面对挫折：将逆境当成最好的礼物

在漫漫人生路上，没有人能够一帆风顺，对某些人来说，失败几乎成为他们人生道路上的忠实“伙伴”。有些人在失败和挫折面前认输，有些人迎难而上，最终走出困境。犹太人认为，逆境是上天赐予的礼物，如果能从失败中吸取教训，人们就会发现成功在不远处。

培养危机意识，学会先苦后甘

与其明亮地开始，黑暗地结束；不如黑暗地开始，明亮地结束。这是犹太人的处世箴言。犹太人从小就告诉子女，要培养自己的危机意识，学会先吃亏再享受。

犹太小孩都听说过这样一个实验：科学家烧开了一锅油，然后将一只青蛙放在油锅旁边，并准备将青蛙扔进油锅中，但是当青蛙接近油面时竟然跳了出去。后来，科学家又烧开了一锅温水，将青蛙放在这锅温水中慢慢煮，这只青蛙最开始还觉得温热，但是水越来越烫，青蛙虽然觉得不舒服，但是怎么也跳不出来，最后被煮熟了。

犹太人会这样告诉自己：面对危险时，人人都会变成第一只青蛙，那时人们会调动自己的一切潜能，以便走出困境。然而，在大多数时候，我们所面临的情景更接近第二种，如果没有保持足够的警惕心，我们就会像第二只青蛙一样失去所有。犹太人一直信奉这一句话：将最苦的果子放在第一个，你就会享受到最甜的果子。

永远都不要忘记曾经受过的苦难

没有哪个民族像犹太民族一样承受过这么多的困难。在两千多年的岁月中，他们一直在流浪漂泊，很多犹太人一生都动荡不安。在困难的岁月中，他们告诉自己：随时随地都要保持警惕心，不然你就有可能失去一切。

在犹太人最重要的节日——逾越节中，以色列的家家户户都会准备精美的食品，穿上最华丽的服装，和亲朋好友庆祝这个节日。在这个节日上，所有的人都要吃一种很粗的面包，以及一种很难闻的野菜叶子。有一个犹太男孩不喜欢这两种食物，每次都偷偷将其扔掉。有一次，他的老师看到了他的这种行为，对他说："你不能这么做，其实这两种食物代表了我们的屈辱和失败。"

看到男孩迷惑不解的模样，老师接着说："在最开始的时候，犹太人在埃及做奴隶，日子过得很艰苦，每天要工作十几个小时，却得不到什么钱。后来，我们在英雄摩西的率领下，越过沙漠，千辛万苦地来到以色列。因为来不及准备吃的，所以我们只能吃那些没有发酵的面包和野菜。我们之所以在逾越节吃这两种食物，就是提醒自己不要忘记曾经受过的苦难。"

男孩听后恍然大悟，明白了这两种食物背后的意义，之后再也没有偷偷扔掉这些面包和野菜叶子了。

从这个故事中不难看出，犹太人不会因为眼前的幸福生活而忘记往日的苦难，因为他们知道，只有记住往日的苦难，才能时刻充满警惕，不断地充实自己，不让自己被时代、社会所淘汰。

时时刻刻怀有危机意识

人们曾这样评价犹太人："当幸运来临的时候，犹太人是最后一个知道的；而当灾难来临的时候，犹太人却是第一个知道的。"经过多年的流浪，他们深知：这个世界看上去风平浪静，实际上危机四伏，如果你不预先想到问题，那么最后你会被问题吞噬。

在提到犹太民族时，很多人的第一反应就是：有钱。的确，犹太民族算是世界上最富有的民族。当人们一看到犹太商人时，就会产生这样一个念头：我不能耍小聪明，因为他太精明了。那么，为什么他们能在生意场中取得成功呢？因为他们充满着危机感，时刻都处在高度警备的状态中。

有一个青年对犹太商人十分好奇，他问犹太商人："为什么你的公司能在这么复杂的生意场中站稳脚跟呢？"犹太商人说："如果我告诉你，今天我们签下了一个大订单，你会怎么做？"青年回答："我会认真地完成客户的要求，在期限内交货。"

犹太商人说："你说得对，但这不是全部。你要做的，不仅仅是注重商品的质量，还要和公司的各个部门协调。比如：你要思考，对方毁约怎么办？所以你要先和法律顾问聊一聊，以防在事情发生时束手无策；万一我们的产品不达标怎么办？你应该找一找往年的案例，看一看这样的问题如何处理。"

青年问："为什么在还没有成功的时候，你就开始思考失败应该怎么做？"犹太商人回答道："只有有效规避风险，才能立于不败之地。在我刚刚建立这个公司的时候，我就构建了一个能够应对所有突发情况的管理结构，这种结构可以让公司抵挡来自政治、经济甚至自然灾害的风险。这样做，即使遇到了'八级地震'，我也不会担心。"

从这个故事中不难看出，犹太人的危机意识就像是嵌在了骨子里，为了不对生活中的"意外"措手不及，他们会优先制定各种对策，让自己平安地度过任何风雨。

不要一味享乐，学会先苦后甘

在与犹太人相遇时，人们常常说的一句话是："你看上去太朴素了，根本不像一个犹太人。"在很多人心中，因为犹太民族是世界是最富有的民族，所以他们表现得应该更像一个"富人"——有华美的衣服、精致的配饰、考究的鞋子。然而在大多数时候，犹太人和其他人并没有什么两样。为什么会这样？因为犹太人深知：一味地享乐只会毁掉自己辛辛苦苦创造的基业，先苦后甘才能获得最后的成功。

有一个富翁马上就要死了，他有一大笔财产，但是害怕两个孩子败光，于是他将孩子叫到自己的身边，对他们说："我的钱都拿去还债了，没有留多少钱给你们。不过虽然钱不多，也足够你们生活一阵子了。"

不久之后，富翁死了。弟弟对哥哥说："父亲没有给我们留下太多的遗产，所以我们应该省吃俭用，用这点钱做生意。"哥哥说："我觉得父亲留了很多钱，我要好好享受。"于是，哥哥拿着钱到处挥霍，没过多久就将钱花光了。弟弟做了点小本生意，虽然不算富裕，但也能养活自己。

有一天，富翁的一个好友找到弟弟，对他说："其实你父亲还有很多财产，现在我按他的要求全部留给你。"听到这个消息，哥哥连忙赶过来，气愤地说："我们都是父亲的孩子，为什么我没有分到遗产？"

富翁的好友说："这是你父亲的主意，他告诉我，谁能用那一点点遗产生活下去，谁就有资格继承他所有的遗产。因为无论给你再多的财宝，你都会挥霍光的。"

从这个故事中不难看出，一味地享乐而不去思考未来，只会让自己的生活越来越糟糕，即使你有万贯家财，也会挥霍殆尽。

犹太人教子箴言

犹太社会中有很多关于危机意识的规定。比如：在结婚时，长辈会提醒新人不要把酒杯完整地放入托盘中，而是喝完酒后将酒杯摔碎，以此表示他们俩会同甘共苦地度过一生。同时，长辈还会在一旁提醒他们不要贪图享乐，不能忘记往日艰辛。

相信自己，便会无往而不胜

犹太人认为，只要你相信自己能够实现目标，成为自己想成为的那种人，那么你就会心想事成。他们常说："'我相信'这三个字具有魔力，会在你的生命中上演一个又一个奇迹。"

《塔木德》上说："相信自己，你便会无往而不胜。如果你没有超越过自己的恐惧，那么你就从未学得生命的第一课。""相信自己"这四个字说来简单，但是对很多人来说，这不容易做到。相比相信自己，他们更愿意相信他人：在面临重要抉择时，他们会向朋友、亲人求助，希望对方能够帮他做出完美的选择；即使他迫不得已自己做了决定，也还在不停地怀疑自己。一遇到困难，他们就"鸣金收兵"。"我不确定自己的选择是否正确，还是保险一点，走一步看一步吧。"他们说。于是，他们一次又一次地与成功擦肩而过。

犹太人十分厌恶这种人。在他们看来，相信自己是每一个成功的人都应该具备的信念。如果自己都不相信自己，又怎么能指望别人也相信你呢？他们常说："虽然有信心的人不一定会成功，但是成功的人一定具有信心。"

相信自己有赢的实力

美国心理学家罗森塔尔曾做过这样一个实验：他来到一个普通的学校，在一个班里转了转，然后在学生名单上随便圈了几个名字，告诉老师："这几个孩子智商很高，以后一定大有作为。"过了一段时间后，罗森塔尔又来到这个学校，发现当时被他圈中的孩子真的成了优等生。这就是相信的力量。

犹太人伊莎贝拉是个普通的公司职员。看到房地产销售的情势大好时，她决定代理销售活动房屋。然而，她根本没有任何经验，也没有足够的成本。"这项生意风险太大了，而且竞争那么激烈，没有任何经验的你怎么能做好呢？"朋友对她说。

虽然几乎人人都反对她，但是伊莎贝拉依然对自己充满信心。“我已经进行过缜密的分析，研究了我可能遇到的竞争对手。”她对朋友说，“我可能会犯一些错误，但我也能很快地赶上别人。”

后来，她赢得了两位投资者的信任，获得了销售的成本。在那一年，她卖出了超过100万美元的活动房屋，从一位普通的公司职员变成了一位优秀的房屋代理。

从这个故事中不难发现，虽然对成功来说，智慧必不可少，但是如果没有信心，智慧也就没有机会发挥作用。犹太人常说：“如果你想赢，但是你又不相信自己有足够的实力，那么你一定不会赢。反之，如果你认为自己能够成功，那么总有一天，你会成为强者。”

相信自己能够改变命运

有些人抱怨道：“在浩瀚的宇宙中，我就是那毫不起眼的尘埃，如何对抗天地，对抗命运呢？”这些人也曾为自己的理想奋斗过，但是在遭遇挫折后，他们就开始质疑自己：“像我这样的人真的可以成功吗？与其和命运斗争，不如早点认命。”

犹太人十分厌恶这样的人，在他们看来，这种想法不过是懒惰和怯懦的借口。没有人拥有预知未来的能力。那些在一开始就告诉自己“上天注定让我失败”的人，只是一个懦夫而已。犹太人信奉这样一句话：“生命如同你掌心的纹路，无论再曲折，终究掌握在你自己手中。”

犹太精英遍布世界，获得了非凡成就，他们之所以能够获得成功，很大程度上是因为他们相信自己能够改变命运，无论身处多么艰难的处境中都不会认命。

犹太人卢宾出生在一个贫困的家庭中，由于家庭条件差，他没有办法和其他的孩子一样，去学校学习知识。在他很小的时候，别人就告诉他：“像你这样的人一辈子都难有大的作为！你的命运从你出生那一刻就写好了。”但是卢宾从不信命，他对那些“预言家”说：“我不想一辈子都当穷人，我相信自己一定能够改变命运！”

在还没有成年的时候，他就去加利福尼亚州成为一名淘金者。然而那时淘金热已过，卢宾收获寥寥，他不得不另谋出路。后来，他摆起了小摊子，专门贩卖日用品。他很有做生意的头脑，在短短几年内，他的小摊子就变成了大商店。后来，卢宾发明了连锁经营模式，他的生意越做越大，他也成为世界连锁商店的老板。

从这个故事中不难发现，上天对每个人都是公平的。如果你有坚定的信心，不轻易对命运妥协，时刻保持自强不息的进取精神，你就能成为生活中的强者，成为命运的主导者。

“相信”能让“青蛙”变成“王子”

在现实生活中，我们常常能听到这样的抱怨：“我真羡慕那些有天赋的人。不像我，没有特殊的才能，即使努力去学了，也没有取得理想的结果。”在这些人看来，自己的失败全都是上天的错：为什么上天如此不公平，没有给自己一个聪明的大脑呢？

犹太人并不认同这样的观点。因为他们明白，有些人没有特殊的才能，却依旧获得了成功。其实，最受成功青睐的并不是天赋，而是信心。犹太人常说：“如果你将信心作为支柱去奋斗，那么你一定能取得成功。”

表演家蒙西雷德出生于贫民窟，没有人认为这个平凡的孩子会有所作为，除了他的母亲。母亲经常对小蒙西雷德说：“你要记住自己是一个犹太人，凡是犹太人都要取得成功。”

发现小蒙西雷德对表演很感兴趣时，母亲又对他说：“虽然我们家很穷，没有办法送你去很好的学校学习，但是我相信你有天赋，一定能出人头地。”

当蒙西雷德成为知名表演家后，他回忆道：“正是母亲对我的鼓励，才让我有了今天的成就。”

从这个故事中不难发现，我们虽然不是顶着光环降生的王子，但是只要以信心为支柱去奋斗，就能让“青蛙”变成“王子”。犹太人常说：“你最终的模样，与你的家世背景，甚至能力学识都没有关系，它藏在你的心里——你为自己描绘的模样。”

犹太人教子箴言

一位犹太拉比曾说：“如果成功是树上的果子，那么信心就是梯子。”犹太父母经常对子女说：“在做每件事之前都告诉自己：这次一定能成功！信心能够帮助你实现自己的目标，而成功又会让你的信心不断增强，从而形成良性循环。”

在逆境中崛起，赢得辉煌人生

面对逆境，犹太人永远都能坦然处之。他们常说，没有谁的人生可以一帆风顺，每个人都有低谷时期，而我们要做的，就是找到隐藏在逆境中的机会，从而把自己推向更高的起点。

没有哪个民族比犹太民族更加欢迎逆境的到来。犹太人常说：“逆境就是社会的一种选择机制，那些能够经受住逆境考验的人最终会成为社会的栋梁。”

在历史上，犹太民族在大部分时间都处在逆境之中：失去了家园，只能独身一人在异乡打拼；遭到纳粹分子的迫害，无数同胞丧生在集中营；好不容易建国，可是这个国家很大部分是沙漠，根本不适合人居住。毫不夸张地说，逆境护佑是犹太人的“下饭菜”，有不少犹太人一生都处于逆境之中。

然而，犹太人从未抱怨过自己的处境，也从未怨恨上天对他们不公，相反，犹太人认为，上天之所以要让他们身处逆境之中，只是因为想要锻炼他们的意志，让他们更加坚强。犹太人信奉这样一句话：“很多人从出生起就要面对被各种困难折磨的命运，实际上这样的人才是上帝的宠儿，因为隐藏在逆境中的能量是非常巨大的，足以让一个庸才变成一个智者。”

逆境能够激发人们的潜能

大部分人都不喜欢逆境。的确，没有人希望自己的生活中处处存在障碍，人人都希望自己能和那些天生“幸运”的人一样，不用担心自己的生活，能够轻松地实现自己的目标，甚至希望每天都生活在如乐园一般的地方。

但是犹太人却十分害怕这种状态。他们认为，逆境固然残酷，但是它能让人们发挥出自身最大的潜能，能够在短时间内迅速地提高各种技能。相反，如果生活在一个过于安逸的环境中，人们就会渐渐丧失自己的竞争力，最终会变成一个没有用的人。

一个科学家将100个人分成两组，让第一组的人生活在舒适的环境中，满足他们的一切要求，每天派专车接送他们，让他们打桥牌、打高尔夫球。总之，只要能让他们觉得开心，科学家都会满足他们。

第二组的人就没这么幸运了。在实验过程中，科学家会故意给他们设置障碍，无论他们做什么都会遇到阻碍。就这样，六个月过去了。科学家发现：第一组的人萎靡不振，昏昏欲睡；而第二组的人却精神抖擞，面对问题时可以迅速地反应过来。

从这个故事中不难发现，虽然看上去，舒适的环境是让人无法忘怀的美梦，而逆境则是让人唯恐避之不及的噩梦，但是实际上前者才是会毁掉人们生活的毒药，后者则是能够拯救平凡生活的解药。

犹太人常说："永远都不要害怕逆境，因为挫折可以锻炼你的意志，能够成就你。"翻阅那些成功犹太人的简历，你会发现他们中的大多数都不是含着金钥匙出生的小少爷，相反，他们出身贫寒，从小就要为生计发愁；长大之后白手起家，却没有本钱和人脉，在创业中遇到了很多困难。然而，正是这些逆境成就了他们，让他们成为耀眼的明珠。

逆境能够让人们更加坚强

很多身处逆境的人喜欢这样感叹："为什么老天对我如此残忍？"在他们看来，有的人从出生起就拥有自己想要的一切：无忧无虑的生活，富有的家境……相反，他们什么都没有。"这样的我又怎么能够成功呢？"他们总是这样对自己说。

世界本来就是不公平的，犹太人深知这一点。他们常说："你无法改变自己的出身，但是世界上还有很多东西是你可以改变的：知识技能、心态、待人处事的方法……更何况身处逆境中的你拥有一双更加明亮的眼睛，因为你比其他人更知道这个世界的苦难，更了解这个世界的规则，你也会变得更加坚强。"

8岁那年，犹太人约瑟夫的家被大火烧毁，他变成了一个小乞丐。后来，他跟随母亲来到了肮脏的贫民窟，母亲每天都要做很多活，但是即使这样也很难维持生计，他们只能饥一顿饱一顿。不幸还没有停止，不久之后，母亲被烧伤，小约瑟夫每天不仅要上街乞讨，还要去医院照顾妈妈。

看见妈妈躺在医院乱哄哄的大病房中，约瑟夫不禁想：为什么我们与那些有鲜花、地毯的高级病房无缘呢？对啊，因为我们没有钱，所以经常有人欺负我们，妈妈烧伤后也不能使用最好的药膏。约瑟夫发誓要改变这种境遇，他决不能再做金钱的奴隶。

约瑟夫长到十几岁，他开始四处找工作。最终，他决定进入证券交易市场，成为一名股票经纪人。他的成功之路并不顺利，在最开始的时候，他无法弄清股票背后的交易规律，经常亏本。在别人因股票下跌而沮丧时，约瑟夫却说："我从不害怕逆境，因为我知道光明就在不远处。”经历了无数的磨难后，他终于成为了一名优秀的股票经纪人。最终，他成为亿万富翁，成为股票界的巨头。

从这个故事中不难发现，逆境并不会毁掉人们的生活，它只会给你提供向上的勇气，帮你打造一颗坚定的心。

学会在逆境中发财致富

犹太人十分擅长在逆境中寻找到发财致富的机会。他们常说：“永远都不要害怕逆境，因为它只是想给你提供一个发财的机会。”一个成功的犹太商人也曾经说：“是否能在逆境中展现自己的智慧，是判断一个商人经商之才高低的标准。”

艾柯卡最开始就职于福特公司，凭借着自己卓越的才能，他成为福特公司的总裁。然而，或许是害怕艾柯卡会替代自己，福特公司的老板福特二世竟然把艾柯卡开除了。

被开除后，艾柯卡拒绝了很多大公司的邀约，他对自己说：“从哪里跌倒，就在哪里爬起来。”后来，他来到了另一个汽车公司——克莱斯勒公司。当时的克莱斯勒公司因经营不善而濒临破产，艾柯卡就职后立刻进行了大刀阔斧的改革。他开除了很多人，其中有32个副总裁。虽然公司的规模减小了，但是更加精干，也节省了一大笔开支。没过多久，艾柯卡成功地推出了新车型，将克莱斯勒公司变成了能与福特、通用三分天下的汽车公司。人们将这个故事称为“可以与哥伦布发现新大陆媲美的神话”。

后来艾柯卡成为克莱斯勒公司的实际掌权者。如果说克莱斯勒公司是“国家”的话，那么艾柯卡就是当之无愧的“国王”。他在克莱斯勒公司所获得的成就、财富、地位，都比在福特公司获得的多得多。

从这个故事不难发现，如果你能够在逆境中崛起，就会脱颖而出，走上成功的人生之路。在这个故事中，艾柯卡之所以能够创造“神话”，完全是因为当年被福特解聘的困境。如果他没有遭遇这个逆境，那么他也许永远都是福特公司的总裁，他的事业也不能步入无限的辉煌。

犹太人教子箴言

机会不会乘风而来，在很多时候，它是调皮的孩子，需要你去发现它、握紧它。隐藏在逆境中的机会是最具力量的，如果你能把握住它，你就能将自己推向更辉煌的境遇。

保持积极乐观的生活态度

犹太人认为，一个人如果能够保持乐观积极的生活态度，那么就没有事情可以打倒他。即使此时他身无分文，看上去没有任何的前途，但是总有一天他会成为赢家。

有这样一段犹太谚语："如果你断了一条腿，那么你应该感谢上帝没有折断你的两条腿；如果你折断了两条腿，那么你应该感谢上帝没有扭断你的脖子；如果你的脖子被扭断了，那你也没有什么要忧虑的了！"这段话意在告诫我们，不要因生活中的困境忧虑，应该带着积极乐观的心态看待一切。

犹太人信奉这样一句话："如果一个人拥有积极乐观的心态，那么无论他遇到什么，都会将其当成成功道路上的考验。"他们认为，一个人拥有的最强大的力量就是希望，只要带着希望生活，那么任何困难都不能将他打倒。

不要让自己被烦恼吞噬

《塔木德》上说："虽然人们死了之后会被虫子吃掉，但是实际上人在活着的时候，也会被烦恼啃食得体无完肤。"在生活中，我们难免会遇到各种各样不顺心的事情，如坐车的时候不小心被别人踩了一脚，工作出了差错被老板骂了一顿，吃饭的时候发现菜里有一只虫子等。我们为这样微不足道的小事烦恼着，甚至会对自己说：我是个倒霉的人。

一位犹太拉比认为，世界上没有一件事情可以让所有人满意，因此那些无法称心如意的人便产生了烦恼。但是就个人来说，烦恼的多寡却不一样。在面对同一件事情时，有的人可以将其看作是自己的幸运，有的人则将其看作是自己的灾难。久而久之，前者就永远被幸运之神关照，而后者则会被自己的烦恼吞噬。犹太人常说："即使你满怀希望，也会有各种各样的烦恼，真正的聪明人擅长处理这些烦恼，不让其影响自己的生活。"

有一个人有两个孩子，大孩子积极乐观，总是笑嘻嘻的；小孩子每天愁眉苦脸，情绪低落。这个人想了一个办法准备对自己的孩子进行"性格重塑"。有一天，他买了许多漂亮的玩具给小孩子玩，同时把大孩子带到一个堆满马粪的房子里。

过了几个小时，他看到小孩子在哭泣，就问："你为什么不去玩那些漂亮的玩具呢？""我玩过了。"小孩子边哭边说，"但是我不小心弄坏了一个。"父亲叹了一口气，又去看大孩子。走进那座脏乱的房子中，父亲发现大孩子正兴奋地跑来跑去，好像在找什么。"你在干什么？"父亲问。大孩子扬起头，开心地说："我在找小马，马粪里一定藏着一匹小马呢！"

从这个故事中不难发现，即使面对困境，心态乐观的人也能够更好地解决问题，因为他们总是看到事情积极的一面。相反，那些消极的人在还没有解决问题之前就宣告了自己的失败："我不会做，这个问题太复杂了。"

成功的犹太人让人敬佩，因为他们能解决别人无法解决的问题，从而成就自己。如果你仔细观察，你会发现成功的犹太人都拥有积极乐观的心态，正如一个犹太科学家所说：“世界上并不存在真正的天才，我们都是心怀希望的普通人。”

学会积极地看待自己

一位犹太拉比曾说：“人类最大的缺点就是自我贬低。”对很多人来说，“我不行”“我没有他们那么有能力”“我一定做不到”已经成为他们的座右铭。在准备争取某个职位或是面对某个理想的机会时，他们总会这样对自己说。于是，他们只能廉价地出卖自己，将自己变成真正的“无能者”。

犹太人却信奉这样一句话：“正确地认识自己是成功的前提。”你既要看到自己的弱点和不足，也要看到自己的优势和能力。然而，在现实生活中，很多人都以为“认识自己”就意味着“认识自己不好的一面”，于是他们不断地贬低自己，变得畏畏缩缩，什么事情都不敢去做。

犹太人常说：“要积极地看待一切，其中最重要的就是学会积极地看待自己。”如果只看自己不足的一面，那么你会变得越来越消极，最终使自己陷入混乱。只有积极地看待自己，用一颗积极的心去解决自己的问题，你才能变得越来越好。

犹太人凯斯特是一个普通的修理工，虽说他可以养活自己，但是他总觉得自己没有实现自己的理想。有一次，他听说一家维修公司正在招工，待遇很高，但是要求也很高。他决定去试一试，就主动和那家维修公司联系，并约定了面试时间。

在面试前的一个晚上，凯斯特辗转反侧，他担心自己不能顺利地通过面试，随即又想到自己年纪越来越大，却一事无成，沮丧感和无力感涌上了他的心头。他来到书桌前，拿起笔写下了四位自己认识多年、活得比自己好的朋友的名字。他们曾和凯斯特处在相同的境遇，其中有两位还是他的邻居，但是现在他们都搬到高级住宅区去了。

凯斯特不由得问自己：“我并不是一个智力低下的人，到底哪些地方不如他们呢？”他坐在书桌前反复地思考，最终，他得出了答案：性格上的缺陷。他发现自己从懂事以来，就是一个极度不自信、做事畏畏缩缩的人，他总是看到自己的不足，认为自己的能力不够，所以从来不敢去竞争更好的职位。

于是，凯斯特下定决心，一定要改掉自己的毛病，积极地看待自己，决不再有“自己比不上别人”的想法，不再自贬身价。

第二天，他信心满满地参加面试，并顺利地被录取了。凯斯特认为，他之所以能得到这份工作，就是因为他开始积极地看待自己，让自己多了份自信。

从这个故事中不难看出，积极的心态可以影响一个人的前途，只要转变心态，你就会发现成功就在不远处。

上天偏爱乐观的人

“乐观的人会得到上天的偏爱。”这是犹太人挂在嘴边的一句话。虽然犹太人曾经遭受过很多苦难，但是他们从未放弃用一颗乐观积极的心看待这个世界。因为他们认为，只要保持乐观积极的生活态度，人们就能从绝境中找到生活的希望。

有三只青蛙一起掉进了木桶中，这个木桶盛满了鲜奶。第一只青蛙想，这是上天的指示。于是它一动也不动，不久就窒息而死。第二只青蛙想，这个木桶看上去那么结实，我无论做什么，都改变不了结局，还不如认命，于是它也被淹死了。

第三只青蛙想，我相信上天是偏爱我的，所以我一定要试一试。于是它不停地游啊游，忽然它踩到一个有点硬的东西，最后顺利地跳出了木桶。原来，在它不停游动的过程中，鲜奶竟被它搅拌成了奶酪。第三只青蛙开心地说：“看来我的确是被上天偏爱的那一个！”

从这个故事中不难发现，乐观积极的生活态度可以让我们绝境逢生。因此，犹太人常说：“积极地看待一切，你就会发现这个世界充满了希望和善意。”

犹太人教子箴言

一位犹太作家说：“积极的心态是成功走出危机、不幸童年和贫民窟的通行证。”犹太父母经常对子女说：“乐观和积极是最有力量的武器，它会帮助你冲出重重迷雾。”

从失败中找到成功的钥匙

没有人能避免失败，即使是那些天赋超群的人也不例外。真正的聪明人，知道正确地看待失败，并且从失败中吸取教训，从而找到打开成功之门的钥匙。

犹太人常说：“世上不存在从未失败的人。”自我们出生开始，我们就不得不面临失败：想自己独立走路，但是不小心摔了一跤；参加了演讲比赛，结果连安慰奖都没拿到；考试没有考好，与心仪的学校失之交臂；第一次创业时不仅没有获得利润，还损失了自己所有的财富；好不容易让自己的公司发展起来，但是因为一个愚蠢的决策让自己濒临破产……

这样看来，失败似乎是我们人生道路上最忠诚的伙伴，它会一直陪伴我们到老。对这个不讨人喜欢的“伙伴”，很多人毫不犹豫地表达了自己的厌恶：“我之所以变成现在这个样子，就是我曾经遭遇过失败。”

但犹太人从不这样想，他们常说：“失败是你的朋友，你之所以能获得成功，全靠失败在背后给你提供助力。”在他们看来，失败只不过是人们为了掩饰自己的懦弱和胆怯找的一个借口——他们被失败的凶恶面貌吓住了，不敢往前走，只能对别人说：“看！我之所以不过去，就是因为那里站着一只怪兽。”其实失败只是上天为了考验我们而制造出来的幻影。犹太人信奉这样一句话：“成功来源于失败，善于从失败中总结经验的人才是真正的智者。”

不要沉陷在失败中不能自拔

犹太人强调任何一种东西、事情都有用处，事情的好坏在于人们对它的态度。如果你只能看到它的负面，那么它对你来说就是不可逾越的大山，是人生中的污点。反之，如果你能看到它积极的一面，那么它就能为你所用，成为你成功的助力。

有一位农夫弯着腰在院子中锄草，天气很炎热，他热得满头大汗，汗水浸湿了他的衣服。农夫忍不住抱怨起来：“这些杂草真讨厌！要是没有它们，我的院子一定很美丽，我也不用在烈日下锄草了。上天为什么要创造这么讨厌的杂草来影响我的生活呢？”

这时，一株被拔起的杂草对农夫说：“你认为我们很讨厌，那是因为你根本就没有仔细想过，其实我们的用处很大。让我来告诉你吧：我们的根伸进泥土中，其实就是在耕耘泥土。当你将我们拔起时，却没有发现这片土地已经被耕耘过了；在下雨的时候，我们牢牢地抓住泥土，以防止泥土被雨水冲走；干旱的时候，我们又能抵御强风，不让你的院子被大风破坏。我们一直在守卫你的院子，要是没有我们，你根本不会有在这里劳作的机会，因为你的院子早已被风雨破坏了。”

听了杂草的话，农夫若有所思，不禁对这些看似不起眼的杂草产生了钦佩之情。此后，农夫再也不敢看不起任何东西了。

从这个故事中不难看出，世间万事都有两面，一个看似会给我们来到麻烦的事物，也隐藏着积极的一面，只要我们留心观察，就能让它们为我们所用。

犹太人从不将失败看作一种耻辱，相反，他们不但纪念胜利的日子，也纪念失败的日子。因为他们认为，最后的成功来源于屡次的失败，失败的次数越多，他们的力量就越强。

从失败中吸取经验教训

在生活中，也许你会遇到这样的人：他们屡败屡战，但是屡战屡败。他们看似是生活中不屈的奋斗者，但是最终却成了失败者。为什么会这样？其实，你只需要稍微观察一下他们就能发现原因：在遭遇失败后，他们从不想一想自己失败的原因，只会对自己说："加油，只要你继续努力，你就一定能够成功！"于是他们一次又一次地倒在相同的陷阱中。

犹太人将这样的人称为"勤劳的愚者"，看上去他们很值得尊敬，实际上他们为我们做出了最错误的示范。犹太人信奉这样一句话："一时的失败并不会影响你的人生，但是如果你不会从失败中吸取经验教训，总有一天你会被这些失败打倒。"

当21岁的犹太人保罗来到美国时，他什么也没有，只有一副强健的体魄。看上去他有点好高骛远，因为在短短的一年半时间里，他竟然换了15份工作。实际上，他只是想借这些工作来了解美国，从而找到最适合自己的工作。

最后，他决定做一名销售员。他是一个天生的交际能手，善于洞察和分析客户的心理。只用了两年的时间，他就成了当地最富有的销售员。就在人们为他的成功喝彩时，他却做出了一个让人大吃一惊的决定：以高价购买一个濒临破产的工厂。朋友对保罗说："你疯了吗？为什么要捡这么一个烂摊子？"

保罗却说："别人经营失败了，我就更容易找到失败的原因，只要纠正这些缺点和错误，这个工厂就能转亏为盈，重新赚钱。"后来，保罗根据自己的想法对工厂进行了整顿和改革，这家工厂果然一改颓势，成为一个赢利的企业。之后，保罗又收购了好几个濒临倒闭的工厂，并且将它们变为自己赚钱的聚宝盆，保罗也因此被同行称为业界的"神奇巫师"。

从这个故事中不难发现，只要找到失败的原因，从失败中吸取教训，我们就能改变自己的颓势，让自己走上成功的道路。

失败只是成功的“先头兵”

《塔木德》上说：“失败并不可怕，除非你认输。”有些人将失败看作是自己人生的污点，恨不得将自己的失败永远埋葬。他们从不在外人面前提起自己的失败，也不回顾失败的原因，然而即便如此，失败还是变成了他们的梦魇，成为他们挥之不去的阴影。

犹太人十分同情这样的人，在他们看来，比遭遇失败更可怕的，是成为失败的“俘虏”。犹太人常说：“一个真正的勇者是不会害怕失败的，他们会从失败中奋起，给失败迎头一击。”

犹太人该亚是一个喜欢发明创造的人，他发明了一种新产品——炼乳，并决定将其推向市场。然而，在为自己寻找专利保护时，他遇到了麻烦。

专利局的官员告诉他，他的产品缺乏新意，因为该亚的炼乳是将牛奶中大部分水分抽掉后得到的，然而在当时已批准的专利中已经有数十种“脱水乳”的专利。该亚不甘心，他又提出了第二次、第三次、第四次申请，因为他的坚持，他的第四次申请被批准了。

虽然有了专利，但是炼乳的销售却并不是一帆风顺。人们觉得炼乳很奇怪，不敢轻易尝试，该亚到处碰壁。最终，该亚的两位合伙人都对这种产品失去了信心，第一家炼乳厂被迫关闭。

不甘心妥协的该亚自己建起第二家工厂。有了第一次失败的经验，他的第二次创业大获成功。当该亚去世时，他的公司已经从一家小工厂变成了美国闻名的炼乳公司。

从这个故事中不难发现，失败只是成功的先头兵，它是来检查人们是否有获得成功的资格的。如果你不对失败认输，你就能迎来成功。

犹太人教子箴言

“失败永远不能打败你，除非你退出这场战役。”这是犹太人挂在嘴边的一句话。犹太父母经常对子女说：“世界上没有一件事情能阻挡你前进的脚步，至于失败，它其实是来帮助你的。”

敢于尝试，你就会得到答案

犹太人常说：“与其在脑海中想无数次，不如自己动手做一次。”那些看上去无解的问题其实并非没有解决的方法，只要你勇于尝试，你就能得到答案。

一位犹太拉比曾说：“无论你遇到多么困难的问题，都不要忘记播种一粒尝试的种子。”犹太人从小就被教育要成为一个敢于尝试的人，当他们遇到困难时，父母会鼓励他们：“你可以自己试着做一做，也许你就能发现问题的答案。”在犹太人看来，遇到问题就止步不前的人是愚蠢的，也许他们会自己选择一条看似平稳的人生道路，实际上他们错失了很多宝贵的机会，失去了改变自己人生的机遇。

曾有人询问犹太商人：“在这个快节奏的社会中，你是如何让自己的脚步跟上大众，甚至走在大众的前面的？”犹太商人回答道：“我从不对新颖的点子说‘不’，虽然在别人看来做这件事情有一定的风险，但如果不尝试，我就永远不知道答案。”

不要给自己的心设置障碍

在很多时候，人们之所以很难取得进步，是因为他们给自己设置了太多限制：这个风险太大，那个会影响我的发展……他们什么也不敢做，因为在他们的生活中有太多的“阻碍”，他们一出门就遇到了一座大山，又怎么能看到大海呢?

在犹太人看来，这种人是最可怜的“保险主义者”。犹太人常说：“上天并不会给你设置太多的阻碍，他只会给你一颗时时刻刻担心自己受伤害的心，让你不敢踏出房门，不敢看外面的世界。”犹太人精英辈出，他们的成就让人惊叹，而他们之所以能够获得成功，很大程度上是因为他们敢于尝试。犹太人信奉这样一句话：“即使你一出门就遇到了一座大山，你也应该尝试攀登，万一山中有一条平坦的小道呢？”

有一个农夫继承了一块田地，但是田地中有一块巨石。在看到这块巨石的时候，农夫抱怨道：“为什么我这么倒霉！”他没有思考任何移动这块巨石的方法，他每天在这块田地中劳作，碰断了不少犁头。

有一天，他突发奇想道：“我可以试着撬动这块巨石啊。”于是，他拿着撬棍尝试性地撬动巨石。他惊讶地发现这块巨石埋得并不深，一使劲就可以撬出来。当他把巨石移走后，这个农夫感叹道：“要是我一开始就尝试撬动这块巨石，就不会弄坏那么多犁头了。”

从这个故事中不难看出，很多看上去难以解决的问题其实并不困难，只要我们勇于尝试，就能顺利地解决这个问题。

犹太人常说：“不要给你自己的心设限！那会使你的生活充满险难险阻。”因此，在面对问题时，不要急着打“退堂鼓”，应该尝试一下，也许你会发现这个问题并没有你想象的那么棘手。

敢于尝试才会拥有创新的人生

在面对困难时，有的人选择绕道而行，虽然这种方法可以让他们获得安全感，但是却将他们困在了固有的生活模式之中；有的人勇于尝试，虽然这会让他们承担一定的风险，但是他们也因此收获了一个别具一格、创新的人生。

国王年纪大了，他必须要在三个孩子中选择一个作为继承人。为了选出最适合的继承人，国王决定对自己的孩子进行一次测验，只有在测试中获胜的人才能继承皇位。

国王将三个孩子带到一个遥远的城市，对他们说："谁能第一个抵达皇宫，谁就是下一任国王。"这个测验看上去很简单，实际上国王在去皇宫的一条小河边设置了考题。

大王子来到小河边，看见一块巨大的石头挡住了过河的桥。这块石头看上去特别重，一个人根本无法推动。大王子想都没想就放弃了推开巨石的想法，他发现不远处有条小船，就跳上船，奋力向对岸划去。

二王子来到小河边，发现唯一的小船已经被大王子使用了，于是他跳进小河，像一条灵巧的鱼一样向对岸游去。

皇宫中，人们都在焦急地等待测验的结果。有的人说大王子会取得胜利，因为他力大无穷，身体强壮；有的人说二王子会第一个抵达，因为他身手敏捷，足智多谋。但是没有一个人提到小王子，因为在大家看来，相比于他的两个哥哥，小王子太过平庸。

然而，令众人惊奇的是，小王子竟然是第一个抵达皇宫的人。随后到达的大王子和二王子也很迷惑。面对众人疑惑的眼光，小王子轻松地说："我只是想试一试能不能推开那块巨石，没想到我轻轻一推，那块巨石就自己滚开了。"站在一旁的老国王笑了，这就是他给孩子设置的考题。最终，小王子成为新一任的国王。

从这个故事中不难发现，只有敢于尝试才能收获新的人生，敢于尝试的人更容易发现成功的大门。

即使没有希望也要再试一次

《塔木德》上说："一遇到事情就开始绝望，这是很多人失败的根源。成功的人依赖的不是才华和天赋，而是再一次的尝试。"在犹太人看来，在遇到问题时，最可怕的，就是人们自己产生了畏惧心。

即使是被称为"世界第一商人"的犹太人，在经商的过程中也会遇到各种各样的困难，而犹太人之所以能够解决问题：实现目标，就是因为他们坚持这一观点：事情看似无望也要再试一次。

桑德斯上校已经60多岁了。在这个可以在家安度晚年的年龄，这位白发苍苍的老人选择挨家挨户上门推销自己的商品。他对餐厅的负责人说："我有一份上好的炸鸡秘方，如果你采用我的秘方的话，你的销售额一定会有所提升，那时我只要从营业额中抽取提成就可以了。"但是几乎没有一个人愿意采纳他的秘方，还有很多人当面嘲笑他："你应该回家养老！"

在被拒绝上千次之后，桑德斯上校终于听到了一声："好的，我们合作吧！"他受到了鼓励，决定扩大自己的销售范围，于是他开着那辆又老又破的老爷车，走遍了美国的每一个角落，困了就睡在汽车后座，醒了就开始推销自己的商品。最终，他取得了成功，成功地开办了属于自己的快餐店——肯德基连锁店。

从这个故事中不难看出，凡事要进行多一次的尝试，只要你敢于追求，最终一定能够获得自己想要的。正如一个犹太商人在自己的墓碑上所写："我尝试过，但是我失败了；于是我又尝试了一次，最终我成功了。"

犹太人教子箴言

"不要轻易对自己说'不'，这会使你丧失意志。"这是犹太人挂在嘴边的一句话。犹太父母经常对子女说："在面对一扇紧闭的大门时，你首先要做的，不是思考钥匙在哪，而是走上前推一推它。"